MONSIEUR LE COMMISSAIRE DU GOUVERNEMENT

Itinéraire d'un serviteur de l'État

J'ai grandi dans un monde où l'autorité ne se discutait pas. Elle s'imposait, parfois avec justesse, parfois avec dureté. Très tôt, j'ai appris qu'elle pouvait protéger autant qu'elle pouvait blesser. L'enfance, l'orphelinat, puis l'armée m'ont confronté à cette réalité sans détour. J'y ai trouvé des repères, mais aussi des failles. Plus tard, d'autres institutions, civiles celles-là, m'ont appris que la règle ne vaut que par la manière dont elle est appliquée. Ce livre n'est pas un règlement de comptes, ni une justification. Il est le récit d'un parcours façonné par l'autorité, la blessure, le service et, finalement, la recherche d'une forme de justice.

Édition : Pierre Amestoy, 82230 Léojac - France

Impression : Libri Plureos GmbH, Friedensallee 273, 22763 Hambourg (Allemagne)

ISBN : 979-10-415-8959-3

Dépôt légal : février 2026

NOTE AU LECTEUR

Le titre de cet ouvrage, « Monsieur le commissaire du gouvernement », renvoie à une fonction précise, située et datée, telle qu'elle s'exerçait dans le contentieux des pensions militaires d'invalidité. Dans ce cadre, le commissaire du gouvernement intervient à l'audience comme représentant de l'État : il présente des observations fondées sur les pièces du dossier et sur les textes applicables, afin d'éclairer le juge sur la position de l'administration et sur la cohérence juridique de la demande qui lui est soumise.

Cette appellation peut prêter à confusion. Elle ne doit pas être confondue avec la figure, connue du grand public, du « commissaire du gouvernement » devant les juridictions administratives de droit commun, aujourd'hui dénommée « rapporteur public » (changement d'appellation intervenu en 2009). Le présent livre n'est donc ni un essai de droit administratif général, ni un récit centré sur cette juridiction. Il s'attache à un autre théâtre : une justice spécialisée, au plus près des parcours de guerre, des blessures, des expertises médicales, des preuves difficiles, et parfois des silences.

Dans les juridictions des pensions, la fonction que j'ai exercée occupe une place singulière. Elle n'est ni un rôle de jugement, ni une autorité hiérarchique. C'est une position d'interface : entre l'administration et le juge, entre la règle et le cas, entre l'exigence de méthode et la densité humaine des situations. Elle impose une discipline : travailler le dossier jusqu'à l'évidence, respecter la contradiction, distinguer l'émotion de l'argument, et tenir la parole de l'État à un niveau de rigueur qui ne trahit ni les textes ni les personnes.

Si je conserve ici l'intitulé « commissaire du gouvernement », c'est d'abord parce qu'il est celui de ma lettre de service et celui d'une époque. C'est aussi parce qu'il dit quelque chose du cœur du sujet : représenter l'État ne dispense pas d'exigence, au contraire. À l'audience, l'autorité ne vaut que si elle accepte d'être tenue par la procédure, par le contrôle des faits et par la mesure. Ce livre raconte ce que cette exigence fait à un homme, et ce qu'elle révèle, parfois, de l'idée même de justice.

1ère partie – Se construire

Origines et formation

Mars 1997. Une lettre de service m'annonçait ma désignation comme « commissaire du gouvernement » auprès des juridictions des pensions militaires. Je l'ai relue plusieurs fois. Ce n'était pas un grade : c'était une place. Une place où la parole de l'État n'a de valeur que si elle est tenue par les faits, par les textes et par la contradiction.

Dès ce jour, j'ai compris que cette fonction n'était pas seulement une mission, mais une exigence : travailler le dossier jusqu'à l'évidence, rester loyal à l'institution sans devenir sourd aux personnes, ne jamais confondre fermeté et dureté. Si j'ouvre ce livre par cette lettre, c'est qu'elle éclaire tout le reste.

Car avant les audiences et les dossiers, il y eut l'enfance, un village des Pyrénées, et l'apprentissage précoce de l'autorité, de ses protections comme de ses blessures.

BUSSUNARITZ le socle de départ.

Blotti au pied du col de Gamia, ce petit village du pays basque offre une vie pastorale paisible dans les Pyrénées atlantiques encore nommées « Basses Pyrénées » à l'époque. Fort de 211 âmes aujourd'hui, en comptant SARASQUETTE qui lui est adjacent, il est loisible d'observer en arrivant le panneau **Bussunarits-Sarrasquette**. Notez ici le S alors que nous l'avions longtemps écrit avec un Z à la fin.

Je suis donc né à 5 ans, car les premières années de ma vie m'échappent et c'est tant mieux. Vous comprenez à cet instant qu'elles sont sorties de ma mémoire.

La famille d'accueil.

J'ai cinq ans, à six mois près. On me place avec mes deux frères au sein d'une famille admirable que je considère longtemps après encore, comme la mienne. Issu d'une fratrie de quatre, je suis le 3ème et, m'accompagne pour six mois Jacques le second, et Alain le benjamin qui lui demeurera avec moi jusqu'à rejoindre les autres frères à l'orphelinat en 1969.

Effectivement, Jacques quitte ce cocon après un délai de six mois environ et nous restons là avec Alain jusqu'à la date fatidique de la rentrée scolaire de 1969.

Le patriarche André MENDIONDO, dites et prononcez « *Andrech* », impose par sa stature, mais c'est sa gentillesse qui met à l'aise les plus timides. Il est celui vers qui je serai toujours attiré car il me semble qu'il me prodigue attention et protection. Rapidement ce sentiment deviendra réalité sans jamais faillir.

Son épouse « *Madia* » très dévouée à la tenue de la maisonnée, s'attache à l'intendance et la cuisine. Elle est une grand-mère de substitution parfaite à l'instar de son époux Andrech que je perçois plus comme un père de substitution. Je ne connaitrais que bien plus tard les conditions financières qui ont présidé à notre placement ici, mais il est absolument clair que jamais rien n'a transparu de ces arrangements d'adultes. Au surplus, tout travail mérite salaire, surtout si la mission est un succès.

C'est ainsi que « papy » et « mamie » étaient dénommés par Alain et moi. Longtemps et encore aujourd'hui je songe à cette qualité de vie qui nous a été offerte par notre mère qui a eu le courage d'une telle décision de placement et que je ne saurais donc blâmer.

« *Tatiana* » la cadette de leurs filles, 18 ans tout de même, Marie-Graciane de son vrai nom, a toujours occupé une place dans mon cœur d'enfant. Il me faudra attendre quelques années de plus pour comprendre à mes 15 ans à l'occasion de retrouvailles, que les papillons qui s'agitent dans ma poitrine sont évocateur d'un sentiment différent très subtil de volupté. Ils seront bien sûr contenus car un homme ça se retient, non ? La vue de cette jeune femme rayonnante de beauté me faisait comprendre qu'il se passait en moi quelque chose de nouveau, je comprendrai rapidement plus tard.

N'oublions pas l'équipe choc ! Pastor le chien, prononcez « Pachtor » s'il vous plaît, nous sommes au Pays Basque. Un second quadrupède nommé « trompette » fera une brève apparition mais un tragique accident de tracteur le terrassera.

La prise de mes premières responsabilités.

L'éducation à la ferme conduit nécessairement à la fréquentation des animaux qui constituent cette « arche de Noé ». Il y a là

« Cataline » et « Grandes cornes » les deux vaches de la ferme. La trentaine de brebis, et, bien sûr une multitude de poules et de lapins. Sont également de la partie, deux cochons qui nourrissent bien la maison à l'occasion de leur trépas.

Rapidement Andrech me montre comment déshabiller le lapin. C'est une approche pédagogique douce pour dire dépecer cet animal pourtant si soyeux de son vivant. Je n'éprouve aucune difficulté à réaliser cette tâche tant Madia le prépare agrémenté d'une excellente sauce aux champignons. Il n'est pas gaspillé et c'est ce qui compte pour moi. C'est mon premier contact avec la mort, tout va bien pour l'instant.

J'ai les pleins pouvoirs pour décider lequel de ces poulets ou poules sera « déshabillé » à son tour notamment le dimanche. C'est sans doute pour cela que mon frère cadet Alain voulait être curé : ils (les curés) mangent du poulet tous les dimanches disait-il dès qu'on le questionnait. Pour le déshabillage des animaux en revanche il n'était pas volontaire. Jamais il n'a été contraint à cela.

Souvent Andrech me demandait d'aller chercher les brebis à Iparaldé un champ où les ovins paissaient paisiblement. A mon retour je donnais le compte exact, mission accomplie avec l'aide de Pachtor le chien fidèle et efficace. Un soir cependant à ma grande surprise, il en manque une. En observant mieux, je constate qu'elle s'est entravée dans les ronces au bord du champ et elle se démène pour en sortir. Mieux encore, elle a donné naissance à un petit agneau qu'il convient de finir d'extraire de ses entrailles maternelles. Heureusement, Andrech m'avait formé à cette situation là aussi. C'est donc fier et heureux que je ramène après quelques efforts d'extraction des ronces sur la laine, l'ensemble de ces brebis. A mon arrivé, je témoignais qu'il n'y en avait pas trente. Quelques instants de silence et j'annonçais trente et un. Pour un enfant de mon âge, à ce moment-là environ 7 à 8 ans c'est la première prise de responsabilité.

Une marque de confiance me sera faite par Andrech lorsqu'il me demandera d'aiguiser la faux. Cet instrument coupant très long de manche et surtout de lame n'est normalement pas à laisser entre les mains des enfants. Il s'agit ici de planter une sorte de piquet de 30 cm au sol, puis sur la partie supérieure de poser le tranchant de la lame pour appliquer dans un premier temps des coups de marteau afin d'affiner la lame avant d'utiliser une pierre à aiguiser. Les mouvements amples et réguliers le long de la lame doivent être assurés sans se blesser. Mission accomplie.

J'ai remis en place des dents de râteau, participé au ramassage du foin et tous autres travaux de la ferme.

L'un d'entre ces travaux cependant ne me laisse pas un bon souvenir. C'est justement ce champ Iparaldé duquel il fallait extraire des quantités infinies de cailloux.

Pour demeurer sur une note positive, je garde le souvenir amusé de mon frère Alain, qui tout comme nous, ramasse le foin. La chaleur intense de juillet le conduit à boire dans le Xahakoa (gourde en basque) tant et si bien qu'après de nombreuses têtées il a fallu l'allonger pour une sieste sous le foin pour le protéger du soleil. Le vin et le soleil ont fait leur œuvre. Nous étions lui et moi si différents et pourtant inséparables. A l'occasion de ses obsèques en 2018, je me souviens avoir prononcé *« ce qui est à lui, est à lui !»* ; *« ce qui est à moi, est à nous »*. Cela résume le caractère entier de ce personnage pourtant si attachant. Il avait en lui une âme d'artiste qu'il n'a jamais eu l'occasion de développer. J'aurais bien aimé qu'il puisse vivre ses rêves plutôt que parfois rêver sa vie ; il le méritait. Ainsi va la vie ... jusqu'à la mort.

Une autorité très douce et cependant efficace.

Papy et Mamie sont deux êtres adorables, qui nous ont prodigués la meilleure attention possible.

Une seule fois « Andrech » a levé la main sur nous. Cet acte symbolique s'il en est, mérite d'être compté.

Alors que nous avions des devoirs à écrire, je me refusai un soir d'y procéder. Je ne sais dire quelle mouche m'a piquée à cet instant, mais je suis absolument rebelle à l'exécution de tout travail scolaire.

Andrech prévenu de cette rébellion à son retour des travaux des champs, exige que je procède immédiatement à l'écriture de mes devoirs. Rien n'y fait je suis inflexible et demeure réfractaire. La correction en réponse à cette insubordination sera pour le moins proportionnelle au manquement. En effet, se saisissant de son béret par la pointe avant, il m'assène un coup de couvre-chef. Absolument indolore et cependant efficace, je rédigerai l'ensemble de mes devoirs d'école. J'avais contrarié Andrech et c'est bien cela qui me coûtait le plus ce jour-là. Vous pouvez imaginer, en tout cas je vous le narre, Andrech n'a pas aimé son geste pourtant exclusivement symbolique. C'était une première semble-t-il. Je ne m'en tirerais pas toujours à si bon compte comme nous le verrons plus tard.

L'école et les copains.

L'école communale est située sur la place tout à côté du fronton rose comme le chante si bien Louis Mariano. Chaque matin et midi nous effectuons le parcours maison-école à pied avec les copains du village. Nous sommes alors en pleine forme physique et rayonnant de bonne santé.

L'instituteur est parfois une institutrice. Le jour de la rentrée, nous surveillons l'approche, ou non, d'une Fiat 500, petit véhicule blanc qui est celui de l'institutrice. Si ce véhicule était aperçu nous savions à qui nous avions à faire. L'instituteur passait bien mieux pour nous, il nous apparaissait plus conciliant, moins sévère.

Je garde le souvenir d'une demande particulière que nous lui avions faite : apprenez-nous à parler en Basque. Sa gêne initiale passée, compte tenu des canons de l'éducation nationale, il nous exprime que le Français est la langue officielle mais nous propose d'apprendre une chanson en basque : Boga-Boga. Merci monsieur le professeur de ce doux compromis, je me souviens encore de cette chanson. Voilà des marins qui vont vers de beaux paysages, je voyage avec eux chaque fois que je la chante. La dernière fois que nous avons poussé la chansonnette c'était avec mon frère Alain, au mariage de mon fils Gabriel … il y a presque 20 ans. Plus jamais depuis.

Général ou peut-être colonel ?

À cet âge, je confondais allégrement les deux grades. Lequel est le chef de l'autre ? Peu importe il suffisait d'alterner, un jour l'un, un autre jour l'autre. Lorsque nous jouions aux soldats avec les copains d'école : Roger, Christian, Jean-Bernard, Pascal et bien sûr Alain mon frère, nous sommes souvent aux prises avec un ennemi très supérieur en nombre. C'est bien souvent « Fort Alamo » ou la « Maison de la dernière cartouche ». En effet, les pieds de maïs représentent des rangées innombrables de vaillants guerriers ennemis, Indiens contre Cowboys, Zoulous et autres Allemands contre nous les héros. C'est la guerre il faut un chef ! Devinez qui s'y colle ? Pour mon plus grand plaisir c'est moi, François. Eh oui ! À cet âge-là on m'appelle François. Il me faudra attendre mes 16 ans pour connaître que mon premier prénom dans l'ordre de l'état civil c'est Pierre, et en plus il est souligné. J'y reviendrai.

Parfois dans cette chevauchée fantastique vers l'ouest américain, nous bénéficions de la présence de charriots qu'il faut protéger contre les Indiens. Nous sommes la cavalerie, et dans une stricte discipline nous escortons ces chariots qui sont en fait le landau ou la poussette d'enfant, pardon « *Paticou* » (Patrick) et Maïder les petits fils d'Andrech. Aucun blessé tout se termine toujours bien.

J'ai même eu le luxe de posséder une jeep, normal pour un général américain ou un shérif qui fait régner l'ordre. Il s'agissait en fait d'une cagette dont j'avais ôté le fond me permettant ainsi de simuler cette auto avec moi à l'intérieur. Mes jambes pour moteur, je disposai de la radio avec une antenne qui n'était en fait qu'une herbe longue au départ puis un fin roseau plus réaliste celui-là.

Quel bonheur de jouer avec si peu ! Quelle imagination ! Je ne pouvais supposer qu'il existera bientôt des magnétophones pour films (vidéocassette) et autres matériels d'aujourd'hui.

Quelle ne fut pas ma surprise un jour de voir Jean-Bernard m'apporter un grade militaire et des médailles pour compléter mon rôle de général. Trois chevrons dorés surmontant un losange et une barrette de feutre noir sur laquelle était cousus des petits rectangles de couleurs. Ces instruments d'autorité semblaient rehausser le rôle du chef. Il s'agissait en fait d'un grade de sergent-chef et une barrette de décorations composée de la médaille militaire, de la croix de la valeur militaire et de la médaille commémorative des opérations de sécurité et de maintien de l'ordre avec agrafe Algérie. Le père de Jean-Bernard avait donc fait la guerre là-bas. Je comprenais bien son souci de ne pas abimer ces insignes, nous les avons utilisés avec soins sans jamais causer quelque dommage que ce soit.

Jean-Bernard et Pascal étaient toujours ceux qui organisaient des jeux de société, ou chez qui nous allions voir la télévision. Le Monopoly par exemple était fascinant pour moi.

La mort qui me fait peur.

Un jour, nous sommes allés avec Alain chez Jean-Bernard et Pascal pour jouer comme souvent. Constatant leur absence, Alain saisi un fusil de chasse caché derrière la porte de leur grange. Introduisant un bâtonnet rouge dans ce fusil, il entendait me mettre au pas. Je fus complètement paniqué à la vue de cette arme désormais chargée qu'il pointait vers moi. Je compris sans qu'il soit besoin de l'expliquer plus avant qu'il assît son autorité sur moi. En effet, quelques jours auparavant j'avais volontairement dans une rage folle brisé en deux une carabine (jouet celle-là) car il refusait systématiquement de me laisser l'utiliser. A moi le révolver à pétards cassé, à lui le second pistolet d'une parfaite imitation d'un automatique et bien sûr la carabine.

Est-ce pour cela que je suis très attaché à la sécurité d'utilisation d'une arme ? Certainement que ces évènements m'ont prédisposé à cette sécurité, le reste est venu avec l'instruction sur le tir dans l'armée.

L'autre côté qui me mit mal à l'aise c'est le passage de vie à trépas du cochon. En effet, s'il nourrit bien la famille, son agonie me déplaisait beaucoup. Cette plaie béante sous sa gorge nécessaire pour recueillir le sang qui fera le bon boudin, accompagné des cris de cet animal était un cocktail déplaisant. Il n'était plus un cochon que l'on ne gaspille pas mais un être vivant « torturé ».

Puis se sont des obsèques au village, tout le monde est en noir certains pleurent. Cette fois-ci une dame ou un homme que je ne connais pas sont enterrés. L'ambiance est lourde et pesante je ne sais l'exprimer et là je suis seul avec ses sentiments mêlés de craintes de peur et surtout d'incompréhension. Peut-être eut-il fallu m'expliquer la mort ? cela viendra à l'orphelinat.

Cette fois la mort me dérange.

AUDAUX les Orphelins apprentis d'Auteuil.

Le temps du départ.

C'est un autre deuil qu'il me faut faire à présent, celui des toutes ces années magnifiques dont le souvenir humecte encore mes yeux à l'écriture de ces lignes. Vient septembre 1969. La rentrée. On a marché sur la lune, paraît-il. Comment ? Les adultes s'agitent, commentent. De la terre à la lune il n'y aurait donc qu'un pas, n'est-ce pas Jules Verne ?

Je veux juste écrire une autobiographie, pas suivre une thérapie. Selon certains c'est complémentaire.

Bref rappel historique – Les Orphelins Apprentis d'Auteuil

Pour situer : L'Œuvre d'Auteuil, connue aujourd'hui sous le nom d'Apprentis d'Auteuil, est une fondation catholique reconnue d'utilité publique.

Fondée en 1866 par l'abbé Louis Roussel, puis largement développée par le Père BROTTIER à partir de 1923, elle accueille, éduque et forme des enfants et adolescents en difficulté sociale, familiale ou scolaire. Grâce à des établissements d'accueil, des écoles, collèges, lycées professionnels et centres d'apprentissage répartis dans toute la France, elle vise à donner aux jeunes fragilisés les moyens de se construire un avenir digne et autonome. La maison Sainte Bernadette d'AUDAUX était l'une de ces maisons. Je suis heureux d'avoir connu cette époque avec le recul, Ste Bernadette n'existe plus, le château de Gassion a été vendu. Par ailleurs, la mission continue et une de ces maisons n'est pas très loin de chez moi.

Aujourd'hui, Apprentis d'Auteuil accompagne plusieurs dizaines de milliers de jeunes chaque année, s'engageant également auprès des familles en difficulté pour prévenir la marginalisation et favoriser l'insertion sociale et professionnelle.

Le chagrin

Je sens comme un gouffre qui est sur le point de s'ouvrir et la préparation de notre départ pour l'orphelinat ne se fait plus à bas bruit. Il faut en parler la rentrée approche. C'est le dernier instant où j'entends parler de pantalon court pour désigner le « short », oui c'est l'été et Alain est tout heureux de rejoindre ses frères à AUDAUX.

Il a compris semble-t-il que la réunion de la fratrie est une issue normale et il est enthousiaste à cette idée. Je suis moi plutôt mélancolique je devine la perte qui sera la mienne. Les larmes qui coulent en ce moment le long de mes joues en sont la parfaite illustration. Bon sang ! 55 ans après ?

Pourtant la nature humaine est bien faite et je retrouverai une nouvelle maison à laquelle je m'habituerai également. Le souvenir de mon père ressurgit à ce moment-là, il avait essayé de venir nous voir mais il lui avait été interdit de le faire, son visage ensanglanté étant incompatible avec cette possibilité. Il aurait participé à une rixe avant de venir, sans prévenir semble-t-il. Les consignes données par notre mère n'autorisaient pas cette visite.

Notre arrivée à AUDAUX se passe plutôt bien, je suis passif je me laisse conduire à l'image des moutons qui vont à l'abattoir. Mes sentiments sont sombres mais de nature optimiste je vais de l'avant.

Nous sommes accueillis par nos frères Jean-Claude l'aîné, Jacques le second et deux compères absolument délicieux. Oui je pèse mes mots, ils sont l'un et l'autre pétillants de bonne humeur et emplissent de ce seul et unique fait mon cœur de joie. Après la pluie de larmes vient le soleil, n'est-ce pas ?

Le premier c'est José surnommé et couramment appelé « Jaï » comme dans Tarzan. Il est grand, fort et c'est la première fois que je vois un noir. Je ne le sais pas encore, mais je comprends à présent pourquoi je ne pouvais être raciste. Il est débordant de générosité il m'apprend à jouer au mille bornes un jeu très amusant parfaitement adapté aux circonstances. « *Tu as gonflé tes pneus François ? et non ! il fallait vérifier ! Pschitt ! crevaison* ! » et de déposer alors une carte au symbole d'une roue dégonflée. « *As-tu fait le plein ?* » « *C'était de l'eau !* ». Cette seconde carte représente une panne sèche !

Le second est un étrange personnage qui s'agite beaucoup et parle tout autant avec des mots que je comprends à peine. C'est un titi parisien. Le seul titi que je connais est un personnage de dessins animés. Volubile à souhait, il participe à égayer notre arrivée « Aïtamar » nom ? prénom ? je l'ai depuis toujours appelé ainsi sans me poser la question.

Nous sommes ensuite dirigés vers nos dortoirs, le 2 pour moi, le 1 pour Alain. Jacques et Jean-Claude étant respectivement au 3 et 4.

Une nouvelle organisation.

Le repas du soir est servi au réfectoire, je retrouverai dans six ans le même à l'école militaire. Debout autour d'une table rectangulaire de 8 ou 10, nous attendons un signal. C'est celui d'une sorte de prière « bénédicité » avant la prise du repas. « *Bénissez oh mon dieu la nourriture que nous allons prendre, pour mieux nous apprendre à vous servir et à nous servir, amen* [1]» Est-ce pour cela que la devise de l'union fédérale m'a marqué à ce point ? Je vous laisse vous faire une idée.

Un jour pourtant, un des moniteurs me donne un hélicoptère pour me consoler à l'occasion d'une bouffée de tristesse, BUSSUNARITS me manque parfois. Il joint à son offrande un garage en carton qu'il faut plier pour lui donner forme. Le garage bien trop grand pour ce minuscule objet me laisse imaginer ce

[1] A peu près ça.

petit jouet virevoltant à droite à gauche dans une parfaite liberté. Ce geste me touche beaucoup. Tout rentre dans l'ordre, rapidement ma peine s'estompe.

Le soir c'est un dortoir aux lits alignés parfaitement qui donne un spectacle de rectitude. Mais tout se passe mieux qu'il n'y paraît tant que nous sommes sages.

Un jour, bien plus tard après notre arrivée, un surveillant du dortoir 2, dont je garde le nom pour moi m'apprendra les premiers exercices physiques du type : « *à genoux, les bras en croix* » posant dans chaque main une chaussure qui devient très vite aussi lourde qu'une tonne d'acier. Un chahut auquel j'avais participé à grand renfort de coups de polochon m'avait valu cette punition éducative s'il en est. Ce moniteur était un élève issu des plus grands, et originaire du Vietnam du Nord comme il était dit. Je n'ai jamais pu confirmer ou infirmer cela.

Une autorité naturelle.

Après le départ des deux moniteurs M. MATON et M. MALAIS, parmi eux, celui qui m'avais remis le petit hélicoptère, un nouveau surveillant général, moniteur, je ne sais quel vocable utiliser, est arrivé.

Alain BOURGOIN fit son entrée dans ma vie d'enfant avec une certaine prestance et une allure certes conviviale mais selon mon ressenti du moment, un peu altière.

Un jour, à la distribution du goûter, je me place auprès de lui, sur le perron qui surplombe la cour dans laquelle un alignement presque parfait était respecté par les orphelins ? élèves ? Le voyant faire respecter cette consigne d'alignement et désigner tel ou tel pour aller chez le coiffeur, je lui indiquai sans aucune malice de ma part : « *vous êtes seul, et nous sommes nombreux ; pourtant nous obéissons* ». Je venais de prendre contact avec une autorité naturelle qui émanait de cet homme que je découvrais finalement bienveillant et typiquement amoureux de Mireille MATHIEU dont il connaissait la moindre ritournelle.

Sa voiture même, était une institution. Toute rouge, une Simca 1000 qu'il se plaisait à nommer « Caroline » dès qu'il évoquait le plaisir de la conduire ou simplement qu'il en parlait. La monture d'un chevalier des temps modernes.

Ce personnage atypique, aura l'idée de placer des haut-parleurs dans la cour de récréation aux fins d'y diffuser de la musique, mais aussi d'organiser tel ou tel jeu pour agrémenter notre séjour.

Je me souviens notamment d'un exercice qui consistait à reconnaitre un titre de chanson et de rapporter rapidement la réponse au bureau qui jouxtait la cour où était installé la sono.

Bien sûr, les plus grands étaient rapides et érudits en ces matières. A l'inverse, les plus petits étaient en peine pour espérer gagner. L'idée me vint alors, de proposer à M. BOURGOIN d'organiser pour les plus jeunes, une compétition « réservée » à leur intention. Me voilà à mon tour responsable de l'organisation de jeux de piste notamment, lesquels donnent aux gagnants des bonbons et autres sucreries dont je gérais le petit stock qui m'avait été confié pour l'occasion.

L'achat de la sonorisation dont il s'agit, a été possible grâce au don qu'un colonel, un vrai celui-là, a consenti à l'œuvre d'Auteuil. En effet, le père BROTTIER dont le portrait était affiché à l'orphelinat avait fondé cette œuvre après la première conflagration mondiale de 14-18. Aumônier militaire durant la Première Guerre mondiale, il se distingue par son courage et son dévouement exceptionnel auprès des soldats. Il fut l'un des cofondateurs de l'Union Nationale des Combattants (UNC) en 1918, aux côtés de Georges Clemenceau, notamment pour venir en aide aux anciens combattants marqués par la Grande Guerre. C'est là que le lien se fait entre les anciens combattants et les orphelins. J'adhère encore aujourd'hui à cette association.

Ce nouveau moniteur, donc, avait désigné un élève, parmi d'autres, pour veiller à ce que chacun puisse venir se servir dans le colis qui lui appartenait. Un horaire et une discipline venaient encadrer cette liberté de jouir de son bien. C'est au local que nous avons évoqué plus haut qu'il fallait se présenter pour retirer tel ou tel article dans son colis dûment identifié.

Pourtant, un de ces après-midi, nous sommes avec un autre jeune, loin au fond du terrain, 7 hectares tout de même. L'horaire de fermeture approche et nous sommes surpris par le temps. Une course effrénée nous conduira à arriver deux minutes après l'horaire fatidique. Le « chargé de mission » nous interdit l'accès au colis du jeune que j'accompagnais alors. Je reconnais avoir manqué de patience et j'ai donc décidé de lutter contre ce que je nommerais plus tard « le syndrome du brassard ». La noix de coco en main, retirée du colis, nous allons retourner à nos aventures au fond du terrain.

L'autorité aveugle.

Le soir, nous avions « études », une présence en salle de cour pour rédiger nos devoirs. Je ne m'attendais absolument pas à ce qui allait suivre.

M. BOURGOIN fait irruption. Il est persuadé que nous avons volé cette noix de coco. La gifle part. Forte. Ma tête bascule sous la force du choc, heurte le coin de bureau pas très arrondi.

Le gonflement suit, puis la marque. Une brutalité que BOURGOIN, n'avait pas l'intention d'infliger, c'est évident. Les jours suivants sont presque exquis. Et de m'amener aux soins, de me faire monter dans « Caroline » que j'expérimente à cette occasion, de me faire chouchouter par les sœurs de la cuisine et de l'infirmerie …

L'autorité n'est pas toujours bienveillante et « l'erreur judiciaire » existe bien. Je me souviens de discussions entre adultes lesquels disaient que je détestais l'injustice. Je confirme. Est-ce pour cela que je suis devenu juriste ?

La défense de la veuve et de l'orphelin devait par la suite guider mes choix de carrière et mes engagements associatifs, sans en avoir véritablement établi le lien, mais l'écriture de ces lignes m'y fait penser. Quelqu'un m'a dit un jour : « *On ne fait pas les choses par hasard* ». Comment le contredire.

L'échec scolaire.

Aussi longtemps que je me souvienne, l'école était pour moi un passage obligé. Je n'en retirais aucune satisfaction pendant de trop nombreuses années. C'était le cas déjà à BUSSUNARITS et c'est ici la même rengaine.

Je n'ai jamais pu me résoudre à accepter d'être à l'école et je me souviens de fugues que j'ai faites pour échapper à cette obligation.

A BUSSUNARITS déjà, le professeur si conciliant m'avait un jour interrogé sur les jeux olympiques de Grenoble. Quelle année ? incapable de citer 1968, il me fit remarquer que je portais une blouse ornée d'un bel écusson relatant ces jeux. J'ai, à tort ou à raison, considéré qu'il y avait trop d'humiliation à l'école empêchant l'être de tenter, d'expérimenter et de pouvoir ainsi s'élever et engranger les connaissances nécessaires à son épanouissement. Le pire pour moi fut ma $6^{\text{ème}}$.

Les auto-dictées de Mme CHAPART étaient particulièrement indigestes pour moi, rarement je dépassais 5/10. J'ai longtemps déclaré le « français » comme mon ennemi juré. Pourtant je suis aujourd'hui ravi d'en user librement.

« *Puni de manger hier, puni de goûter aujourd'hui, je pars.* » C'est le petit mot inscrit sur mon cahier que je déposais bien visible sur le bureau de l'institutrice avant de m'éclipser. Les 5 années que je ne raconte pas ici sont sans doute pour beaucoup pour cette intolérance à l'humiliation même « ressentie ». Cependant, tout ce qui ne tue pas rend fort. Ma 5ème et mes deux 4èmes seront du même acabit. Le redoublement de cette dernière classe verra mon frère Alain plus jeune arriver à mon niveau. Nous passerons donc ensemble en 3ème pour le BEPC. Surtout, une rencontre, une chance, m'attendait dans cette dernière classe. Elle sera déterminante pour mon essor certes tardif mais au combien opportun à l'aulne de mon départ en 1976.

Monsieur LAPERLE Professeur de Français.

Cette arrivée en 3ème serait un éveil, une résurrection qui, si le redoublement de la 4ème m'avait déplu au plus haut point, mon arrivée ici m'apporte l'assurance dont j'avais besoin et gomme les échecs du passé.

M. LAPERLE avait-il senti qu'il suffisait de mettre l'interrupteur sur marche ? Avait-il compris que toute forme d'humiliation même involontaire était contraire à la bonne marche de la délicate machine que j'étais ?

Cet homme eut l'idée de diriger les élèves vers moi lesquels ne comprenaient pas bien telle ou telle chose. J'avais donc la charge d'expliquer aux autres ce qu'ils n'assimilaient pas bien parfois.

Pour me rassurer, et pour parfaire la vue de cette nouvelle situation j'exprimais à M. LAPERLE que le premier de la classe avait une moyenne de 16/20 et que peut-être ce choix eut été meilleur. Quel manque de confiance en moi !

En cours d'année ma moyenne générale sera de 15/20, second de la classe, et je présenterai les épreuves du BEPC haut la main. Merci Monsieur LAPERLE. J'ai eu le plaisir de lui dédier ma réussite au Doctorat en laissant un mot sur le site Internet, à son intention.

Les orphelins apprentis d'Auteuil m'ont finalement beaucoup apporté. Un enfant se construit au fur et à mesure des étapes de sa vie, et le soutien des adultes est tout particulièrement important. Qu'ils soient de la famille ou non.

Un autre départ.

Ici aussi il est temps de penser à un avenir, et vous l'imaginez déjà, le métier des armes m'appelle. J'avais été mis en garde par les professeurs et les copains : « *Attention, l'armée ce n'est pas comme ici, la discipline y est stricte* ! ». « *Oui mais les chaussures sont belles et gratuites* » rétorquais-je amusé et malgré tout inquiet de l'inconnu que j'allais trouver là-bas. Mon excellent niveau scolaire me permet un très bon succès au concours d'entrée à l'École d'Enseignement Technique de l'Armée de Terre (EETAT) laquelle deviendra École Nationale Technique des Sous-officiers d'Active (ENTSOA).

Les derniers mois à Audaux se passent très bien, fort de notre succès en première série du BEPC M. LAPERLE nous amène avec Jacques PHAN VAN HO, le 1er de la classe, à la piscine avec son auto personnelle. J'ai l'impression d'être ministre et important. Quel bonheur !

Finalement les autres, dont mes frères Alain et Jacques[2] seront également lauréats en seconde série et c'est diplômé que nous quittons AUDAUX à l'été 1976. Alain pour rejoindre l'école hôtelière moi pour l'uniforme aux belles chaussures !

Un intermède estival.

Les vacances à Pau, sont ensoleillées, remplies de joies et l'occasion de satisfaire une des premières conditions en cas d'admission à l'école militaire.

La visite médicale et l'établissement de ma carte de groupe sanguin ainsi que de ma carte d'identité, me révèle que mon prénom est bien Pierre et non François. J'ai à présent plus de 16 ans et je découvre mon prénom véritable ainsi inscrit dans l'ordre de l'état civil. Cela ne me procure pas d'autre interrogation, tout le monde continue à m'appeler François. Même encore aujourd'hui pour les membres de ma famille.

L'attente des résultats du concours d'admission à l'école militaire semble longue, et les journées de piscine sont systématiquement conclues par une visite approfondie de la boîte aux lettres à chacun de nos retours à la maison.

Puis, un jour, une enveloppe de couleur bistre, avec des cachets très officiels est arrivée. Nous n'avons pas les clés et il faudra attendre tard le soir le retour de notre mère afin de connaître son

---

[2] Jacques a passé son BEPC avec nous en candidat libre.

contenu. Alain, plus curieux que moi ne peut plus attendre. Il saisit une brindille et extirpe la lettre de la boîte aux lettres.

Vite on monte les escaliers 4 à 4. L'ouverture de ce document officiel m'annonçait ma réussite au concours d'entrée à l'ENTSOA. Les larmes coulent sur mes joues, je n'ai pas encore eu le temps d'absorber cette nouvelle, qu'Alain est déjà au téléphone avec notre mère laquelle semble surprise de mes pleurs. *« Il ne veut plus y aller ?* » interroge-t-elle. « *Non, ce sont des larmes de joie* » répond-t-il.

La seconde condition à remplir est la constitution d'une somme de 500Fr laquelle sera déposée sur un compte spécial pour mon arrivée à ISSOIRE dans le Puy-de-Dôme, lieu d'implantation de l'école militaire. Une saison de 15 jours à castrer le maïs, c'est exactement la somme que j'ai perçu pour cette tâche. Puis 4 semaines chez Pau Lino, ce salaire-là restera à ma mère, je n'en ai pas besoin. Me voilà sur le point d'être un « adulescent » : mi-homme, mi-enfant.

Un nouveau départ.

L'achat d'une valise gris-bleue, la prise du billet de train dont le bulletin d'admission permettait l'acquisition à titre gratuit étaient autant d'instruments qui me rapprochait du départ à l'armée.

Puis, ce sont la fierté contenue, du repas au restaurant pour fêter cet évènement. Les félicitations, les cadeaux dont un livre relatant l'exploit des commandos offert par un ami de ma mère. Je ne suis pas habitué à tout ceci. C'est pourtant bien vrai, je suis dans la lumière, mais je reste moi-même. Je retrouverais cette pseudo gène chaque fois que la lumière sera sur moi, mais j'apprendrai à contrer ce mal-être plus tard par le truchement de la formation en général et surtout par l'animation de ces formations.

Dimanche 5 septembre 1976 : Pau-Toulouse ; Toulouse-Brive ; Brive-Clermont-Ferrand et enfin Clermont-Ferrand à Issoire.

Ho ! que oui, même les trains sont différents aujourd'hui. Le confort rustique de la seconde classe rend le voyage encore plus long. De Brive à Clermont-Ferrand puis Issoire, un tortillard rouge/jaune nous amène à destination. Je découvre le paysage auvergnat. C'est une première, les volcans millénaires sont autant une beauté naturelle que le signe d'éloignement.

A la gare, un bus tout vert nous attend pour nous amener à la caserne. Le chemin passe par la ville et déjà j'observe des militaires en uniforme magnifiques. Képis pour les uns, bérets pour d'autres.

Le poste de police ainsi dénommé à l'époque est le poste d'entrée principale, orné d'une voute à l'inscription « EETAT ». Cette fois-ci on y est, c'est bien une caserne avec une place d'arme, un mât des couleurs et des hommes en armes qui tantôt saluent, tantôt présentent les armes et parfois contrôle les entrées.

En ce début d’après-midi dominical, les « bleus » que nous sommes sont répartis en groupes distincts. Les compagnies, sections, et autres appellations militaires seront vite apprises car indispensables pour se situer. Puis l’affinement de la sélection par des tests psychotechniques sera réalisée dès le lendemain.

2ème Partie – Devenir soldat

Élève sous-officier d'active (ESOA).

EETAT/ENTSOA

L'École d'Enseignement Technique de l'Armée de Terre (EETAT) laquelle deviendra École Nationale Technique des Sous-officiers d'Active (ENTSOA) au cours de ma deuxième année, forme les sous-officiers techniciens de l'armée de terre. Il existe d'autres écoles de formation de sous-officiers, mais aucune autre ne confère une formation aussi complète en 3 ans. Arrivé au corps (son régiment) à la sortie de l'école, notre jeune sous-officier est directement employable sans besoin d'une formation de spécialité à l'inverse des autres écoles telle l'École Nationale des Sous-officier d'Active (ENSOA) de Saint Maixent.

La sélection.

Dès le lundi, une batterie de tests psychotechniques sera réalisée aux fins de choisir la spécialité que nous souhaitons exercer. Les un électroniciens, les autres mécaniciens. Pour moi c'est tout vu, je souhaite apprendre la mécanique auto laquelle est complétée par le terme char donnant ainsi « *auto-char* ». Je ne le sais pas encore, mais dès que je pourrais m'en échapper, je le ferais. Cette période de tests s'étale sur une à deux semaines.

Le paquetage.

Une curiosité militaire s'il en est, est la perception des habits militaires, oui, les chaussures et tout le reste.

La première année, nous serons vêtus d'une tenue dénommée Mao. Cependant la première tenue que nous porterons effectivement pendant 1 à 2 semaines, c'est un survêtement bleu orné de baskets blanches plus ou moins confortables. Dès lors que les épreuves de sélection finales des 2000 que nous sommes, sont terminées, les premiers à quitter prématurément l'institution sont déjà au départ. D'autres suivront, dans les semaines à venir. J'ai le souvenir du rédacteur d'une poésie qui évoquait « ... *une guêpe bleue t'a frappé, adieu Marie, adieu maison tu ne verras plus ton pays ...* » l'histoire d'un soldat tué à la guerre. Il sera éconduit de sa carrière naissante. Les tests psychotechniques sont ainsi faits.

La perception des vêtements continue par celle d'une musette, d'un sac à dos et de brodequins à jambière attenante appelés rangers.

Après la fin des sélections et l'établissement définitif de nos sections d'appartenance, je suis à la 31eme compagnie, 311eme section. Celle de l'adjudant-chef CHARLES un ancien des troupes de montagne. Nous portons à présent quotidiennement la tenue Mao et la casquette. Très progressivement les uns et les autres nous seront « conviés » à visiter le coiffeur. La coupe militaire très courte nous est appliquée. Pas trop de changement pour moi qui avait pris l'initiative avant de venir. Pour d'autres, la mode des cheveux longs est terminée ! Je suis d'ailleurs surpris qu'ils aient pu arriver ici comme ça.

La tenue de sortie.

Puis, c'est le tour de la tenue de sortie, un bel uniforme bleu, orné de deux épaulettes bleu ciel surmontée d'un fin chevron de laine de la même couleur. L'insigne des ESOA. Le chevron représentant symboliquement le futur grade de sergent plus large et plus visible qui se porte, alors, sur les manches. Mais patience, nous arrivons à peine et tout est à faire.

Pour les premières et deuxième année c'est le béret. Le képi c'est pour les troisième années.

Cette tenue sera ornée d'un insigne dénommé « pucelle » après notre présentation au drapeau prévue en janvier 1977 au Puy. Cet insigne marquera notre appartenance à l'école (Ou au régiment plus tard). Mais pour y parvenir, il faut répéter la cérémonie et découvrir l'ordre serré. Pour cela, une arme est nécessaire et l'application de mouvements précis est requise. Tout cet apprentissage s'inscrit dans la discipline militaire générale qui nous est dispensée.

Le RDGA.

Le règlement de discipline générale des armées est un bréviaire indispensable à connaître pour les futurs cadres de l'armée. Il nous est instillé petit à petit avec une pédagogie adaptée.

Les grades, les appellations, le salut.

L'un des attributs du militaire est bien entendu son grade. Il convient de l'appeler ainsi et lui témoigner non pas un signe de soumission, mais un signe de respect. Ainsi le monsieur dispensé à CHARLES deviendra « *mon adjudant-chef* » le « mon », ici étant le diminutif de monsieur.

Puis c'est l'apprentissage de tous les grades, ceux des sous-officiers et soldats mais aussi ceux des officiers. Je mettais désormais des images claires sur mon imaginaire d'enfant.

Enfin, il convient de saluer tous les supérieurs et pour cela aussi il existe une norme militaire. Le positionnement de la main, la levée de la main puis le retour claqué. Bien exécuté, il est vrai que ça a de l'allure.

Plus on s'élève en grade, moins on a de personnes à saluer dirons-nous plus tard entre nous. Pour l'instant nous saluons presque tout le monde. A partir du grade de sergent, à l'intérieur d'une enceinte militaire, à partir de sergent-chef à l'extérieur de la caserne.

Les choses se complexifieront avec les exceptions et couleurs d'armes. Blanche (argenté), jaune (dorée).

Ma première arme.

Pour parfaire notre préparation et notre entraînement au maniement de l'arme, dans les exercices d'ordre serré, il faut percevoir un fusil qui nous est attribué pour toute l'année.

C'est un MAS.36, fusil à verrou tirant au coup par coup à réarmement manuel d'un calibre de 7.5 mm Ils sont démilitarisés et ne peuvent donc pas tirer.

La dénomination MAS pour manufacture d'armes de St Etienne, 36 pour l'année modèle 1936, et 7.5 pour le calibre.

Garde à vous, présentez arme, arme sur l'épaule etc. C'est ça l'ordre serré.

L'apprentissage est difficile, particulièrement répétitif, mais à l'apogée de notre niveau, nous avons une belle allure dans les mouvements d'ensemble.

Prêts pour la cérémonie de présentation au drapeau après le retour de notre première permission à l'occasion de la Toussaint, nous sommes par un froid glacial conduit en bus vers Le Puy. Neige, froid, les doigts sont engourdis, les gants blancs sont un ornement qui ajoute à la touche finale mais qui ne sont pas chauds.

La cérémonie se déroule normalement, notre défilé est apprécié des autorités, c'est notre premier du genre, pas le dernier. Nous avons été présentés au drapeau.

Enfin, la pucelle nous est remise, nous sommes à présent des soldats à part entière. Le retour à la caserne nous réserve une petite surprise.

Traditions militaires.

Il est des traditions militaires inscrites dans les livres d'histoire et les règlements puis il en est d'autres qui s'apparente à du bizutage.

Le dépucelage de notre insigne.

Sitôt reçu, notre nouvel insigne d'appartenance subit les foudres ou à tout le moins le passage sous les fourches caudines des anciens.

En effet, en allant au foyer du soldat, ou en salle de cinéma, les 2ème et 3ème année observent notre insigne flambant neuf. Ils procèdent alors à un dépucelage en règle. On se souvient que cet insigne est couramment appelé pucelle dans les armées.

Cet insigne est composé entre autres d'un éclair représentant l'électronique de façon générale et une roue dentée pour la mécanique. Pour les mécaniciens comme moi, l'ancien tord l'éclair, pour l'électronicien, il fait sauter une dent de la roue dentée. Nous sommes favorisés nous les mécaniciens car l'éclair se déforme souvent sans entrainer de casse. A l'inverse, la roue dentée n'offre pas facilement une de ces dents. Parfois la casse entraine le changement d'insigne à la charge du bleu bien sûr. « *Tu as des cigarettes le bleu, donne !* » cette attitude fait aussi partie de cette tradition non écrite, mais en général ça se passe bien y compris pour les non-fumeurs. A la visite des anciens dans nos chambrées, il suffit de donner un paquet de cigarette obtenu dans les rations ou la dotation mensuelle qui nous est allouée. « *Silence au caporal !* » est le signal de soumission demandé par l'ancien. Là oui, c'est de la soumission laquelle n'a rien à voir avec le respect.

Certains sont même « conviés » à remplacer un ancien dans son lit pendant qu'il fait le mur, mais cette solution est si souvent vouée à l'échec quelle ne perdure point. Pour les cigarettes également, cette attitude ne prospère pas au-delà de quelques mois.

Le chant.

Une vraie tradition s'il en est, est le chant dans les armées. Et pas seulement la Marseillaise. Le chant compagnie, le chant section, le chant bataillon.

Il convenait d'apprendre le chant section puis le chant compagnie et parfois le chant bataillon qui pouvait-être le même pour chacune des compagnies.

1er bataillon, les 1ère année : 11ème Cie ; 12ème Cie

2ème bataillon, les 2ème année : 21ème Cie ; 22ème Cie

3ème bataillon, les 3ème année : 31ème Cie ; 32ème Cie …

Vous avez compris le principe.

Le chant pratiqué avec rigueur offre lui aussi une impression de gigantisme et de solennité. Très impressionnant en l'absence de musique militaire, il offre à chacun d'exprimer de façon virile une mélodie guerrière invoquant souvent l'histoire militaire glorieuse de la France.

C'est exercice apporte à chacun une certaine satisfaction surtout lorsque nous nous déplaçons au pas en chantant et qu'une autre troupe, au repos celle-là, nous regarde passer avec une forme d'admiration. Bien souvent, cette troupe se mettra en mouvement elle aussi en chantant pour rejoindre sa classe ou l'ordinaire (réfectoire/salle à manger). L'émulation de la concurrence ou de la compétition trouve à s'appliquer ici aussi.

Mon premier grade : Caporal :

En fin de première année, nous allons au camp de Bourg-Lastic entre Clermont-Ferrand et Ussel. Nous sommes formés pour devenir membres d'équipe choc ou d'équipe feu en qualité de grenadier voltigeur (GV).

L'issue de cette période sur le terrain apporte en fin de séjour la nomination au grade de caporal, nous sommes donc estimés capable d'encadrer une de ces équipes choc ou feu. Aujourd'hui les choses ont changé mais à l'époque l'équipe choc était composée de 3 ou 4 grenadiers voltigeurs en comptant le chef d'équipe. Armés de fusil ou pistolet mitrailleur (mitraillette) ils progressaient en tête du groupe suivi de l'équipe feu.

L'équipe feu disposait d'un armement plus lourd, fusil mitrailleur et lance-roquette anti-char. Ces deux équipes étant placées sous l'autorité d'un sergent, formant ainsi un groupe ; notre but à atteindre. Chaque section était composée de trois groupes sous l'autorité soit d'un jeune officier lieutenant soit d'un adjudant ou adjudant-chef. Un sergent ancien ou sergent-chef pouvait être adjoint au chef de section (une trentaine d'hommes tout de même).

Une maturation supplémentaire.

La prise de ce tout premier grade de l'armée Française, et la pratique du tir à balle de guerre nous apporte outre une reconnaissance, l'acquisition de savoir-faire et de savoir être. Cette première année peut-elle être assimilée à une classe de lycée technique ? Non, je ne le crois pas tant la militarité des enseignements et du statuts nous rappellent que nous sommes des soldats avant tout.

Pourtant cette année-là est la plus légère des trois années, les difficultés iront croissant tant sur le point physique que sur le plan intellectuel.

Le passage en seconde année est concrétisée par la réintégration de la tenue bleue pour percevoir une tenue de sortie kaki … une vraie ! Les permissions de fin d'année scolaire (congés d'été) sont un intermède bienvenu avant la rentrée de début septembre 1977.

Les Bleus arrivent.

Cette fois-ci les bleus ce n'est pas nous, nous sommes attablés au bar qui jouxte l'artère principale d'Issoire et voyons passer les bus qui amènent les jeunes 1ère année de la gare à la caserne.

Section CORNEN.

L'adjudant CORNEN sera mon nouveau chef de section pour cette deuxième année. Un gradé de l'arme blindée de cavalerie qui nous guidera pour cette seconde année vers l'obtention de notre BEP de mécanicien auto, option anglais traduit en Certificat Technique du 1er degré (CT1) pour la carrière militaire qui s'annonce. En devenant caporal, nous avions obtenu le certificat technique élémentaire (CTE) en plus du certificat militaire élémentaire (CME). C'est la 3ème année qui consacrera notre réussite au Certificat militaire du 1er degré (CM1) lequel nous permettra de diriger un groupe de combat au grade de sergent. Patience pour l'instant.

Cette seconde année présage une nette intensification des entraînements physiques et sportifs, ainsi qu'une masse accrue de connaissances techniques pour le BEP et militaires à étudier et surtout à retenir. Les jours semblent s'accélérer pourtant il n'y a toujours que 24h dans une journée.

Premier contact avec le nouveau chef.

La première fois que j'ai vu le nouveau chef, il me voit habillé en civil, en effet, l'uniforme trop juste qui m'a été donné fin de première année est trop serré, j'ai pris du poids en permission. L'adjudant me fait immédiatement observer ce manque auquel j'oppose pour toute défense ma prise de poids. « *Vous allez maigrir ne vous inquiétez pas* » me rétorque-t-il sèchement.

Ce breton d'origine, ne me prendra pas spécialement en grippe pour autant, mais il sera intransigeant toute l'année sauf à la fin, à ma première rébellion.

Son adjoint n'est autre qu'un scientifique du contingent lequel arbore des épaulettes violettes à l'image des palmes académiques. Il effectue son service national en cette qualité, mais il sera finalement plus « *bourrin* » que son titre ne le laisse présager. En effet, cet individu est un adepte des revues caméléon lesquelles consistent à nous rassembler dans une tenue, et nous donner 5 minutes pour aller revêtir une autre tenue. Un soir, j'ai conservé mon haut de pyjamas pour me rassembler en tenue de sortie. L'obscurité ne lui a pas permis de relever cette petite supercherie espiègle de ma part. J'en étais ravi.

L'entraînement physique.

Effectivement, la notion d'entraînement physique et sportif prend toute sa saveur ici.

Cross bataillon, jogging et autres parcours du combattant ne sont que le prélude à des activités encore supérieures en difficulté. La 3ème année me verra confronté à la marche commando, exercice tout particulièrement difficile pour moi.

Un jour, à l'occasion d'un de ces cross bataillon, je suis le dernier juste derrière un autre malheureux qui cour devant moi à environ une vingtaine de mètres. L'adjudant CORNEN me suit en trottinant pour m'encourager. « *Non, AMESTOY pas dernier* ! ». « *Accélérez, pas dernier* ! ». Il sera déçu tout comme moi.

J'ai vu et senti mes limites physiques, il y a du chemin à faire. Toute ma carrière je serai limité en performance physique, le choix de la théorie et des armes techniques d'excellence (ALAT) est une façon d'éviter, où à tout le moins d'amoindrir cet état de fait.

Fin de cycle.

Tout comme en fin de 1ère année, le camp de Bourg-Lastic va conclure cette deuxième année. L'adjudant nous exprimant qu'il avait sa « liste noire » pour cette occasion. Il en vint jusqu'à exprimer qu'à la frontière de sa bretagne natale on rejetait les « Cons », après que je lui eus parlé ironiquement de « *Trégasoil* » et « *Ploumazout* » en référence à la catastrophe de l'Amoco Cadiz pétrolier qui déversa un peu plus de 220.000 tonnes de pétrole. Prenant cette injure pour moi, je lui précisais que c'était sans doute pour cela qu'il était avec nous de ce côté de la frontière (sic). Cette rébellion isolante le laissera sans voix et plus jamais il ne me traitera ainsi. Je venais de comprendre que dans l'armée il ne faut pas toujours se laisser faire ... même par un chef, nous y reviendront en 3ème année.

Quelques-uns d'entre nous sont congédiés par échec ou inaptitude à suivre l'enseignement, je fais partie de ceux qui vont percevoir le képi pour la troisième année. Notre réussite au BEP de mécanicien auto et notre képi en main, nous observons avec envie les 3ème année qui arborent désormais le chevron de sergent et préparent leur fête de sortie d'école. Avec d'autres, je suis nommé caporal-chef, la solde est nettement revalorisée, c'est encourageant.

Dernière étape : 3ème année.

La rentrée 1978/1979 est la troisième et dernière de ce cursus de formation militaire et technique. Une petite surprise, pourtant annoncée nous attends, les sections formées pour les deux premières années ne seront pas maintenues pour la troisième. En effet, nouvelles équipes nouveaux camarades. Je me satisfais parfaitement de cette situation et m'adapte très vite aux nouveaux membres de la section.

Théorie, en avant toute !

Je suis conscient de mes faiblesses et je mise donc tout sur l'apprentissage des cours théoriques. Je dois m'astreindre à apprendre le plus possible toutes les matières des cours désormais essentiellement militaires.

Intégration rapide et démarquage.

L'adjudant D[3], un ancien du 110ème régiment d'infanterie et son adjoint le sergent « A[4] » du Train, sont nos nouveaux guides jusqu'à la fin.

---

3 Anonymisation du nom.

4 Ibid.

Sauf pour les marches commando où il faut courir 8km en moins d'une heure avec son arme et son sac à dos, le parcours du combattant chronométré et autres joyeusetés, je prends immédiatement la mesure et l'aisance pour assimiler beaucoup de connaissances théoriques. Les mines, les pièges, l'armement, le secourisme, la topographie ou j'excelle, les marches (non-commando), le tir à toutes les armes, sont autant de matière que j'apprécie et que j'intègre facilement. Très souvent, à l'occasion de sortie terrain, mon nouveau chef me désigne chef de groupe. Je guide et amène mon groupe à destination sans détour inutile. Les courses d'orientation (CO) sont aussi une aubaine pour moi, il y avait là l'ami Christian, champion de France de CO véritable sanglier inarrêtable même dans des buissons aux épines acérées.

Un jour, à l'occasion d'un cours sur la mine APMB-59[5] je précisais le type de détonateur utilisé dans ce dispositif. Le sergent « A » vint près de moi et dit « *Allez-y AMESTOY, faites le cours* ». Avec beaucoup d'aisance, je conduis alors la séance de façon complète pour ma plus grande joie. Je pouvais être formateur. Etonnant non ? Cela me suivra tout le temps. Merci « A ».

Pourtant une fois, l'adjudant demande à la section quelle est la médaille la plus importante en France. Me vint alors le souvenir de l'orphelinat où le directeur avait été fait chevalier dans l'ordre national du mérite (ONM). Et tout ceci au nom du Président de la République.

---

[5] Il s'agit d'une mine Anti Personnelle Métallique Bondissante modèle 1959.

Je lève hardiment le bras et il me laisse répondre. Quelle ne fût pas ma surprise d'entendre : « *espèce de con ! toutes les putes mexicaines l'ont celle-là* ! » Quand on croit savoir parfois il vaut mieux attendre et vérifier. Il s'agissait de la Légion d'Honneur et c'est la réponse qu'il attendait.

Cette injure-là n'était pas aussi indigeste que cela, dans le feu de l'action, il voulait exprimer que je m'étais trompé.

Un autre jour en revanche, le sergent « A » me vise personnellement devant tout le monde. Il estimait que lorsque je donnais des ordres je ne donnais pas assez de voix. Il me fit m'éloigner, m'éloigner encore pour finir par lâcher : « *AMESTOY vous êtes une merde !* ». Ma réponse à cette invective fut saillante, « *et vous sergent, vous êtes le chiotte qui me reçoit* !». L'adjudant se précipita vers moi et m'invitait à éviter ce type de réponse. Je lui opposais alors, que rien ne passe au-dessus de l'honneur. Ce sergent m'avait humilié je me suis défendu.

Autant le sergent que l'adjudant ne m'ont plus injurié après, et plus personne même chez les « techniques » où j'avais rabroué un adjudant, faisaient montre d'un minimum de considération à mon endroit. En effet, un de ceux-là avait lancé une injure retraçant le fait qu'il allait me pénétrer (en termes grossiers). Je lui répliquais immédiatement que je serrerais les fesses pour l'amener au commissariat !

Un peu plus tard on me qualifiera de syndicaliste de gauche, mais jamais plus l'on ne me manquera de respect.

Devenir sergent.

Le temps passe vite nous sommes toujours en action, la formation s'accélère et les premiers examens du CM1 approchent. C'est la qualification finale, il ne faut pas tomber si près du but. Après notre stage de 3 semaines en régiment, la cavalerie pour moi, il est temps de rentrer pour les examens finaux.

L'entraînement continu y compris certains samedis où je restais à parfaire ma condition physique m'a conduit à limiter la casse voire à passer les épreuves. Il était difficile les samedis de « volontariat » de voir les copains partir en week-end. Le parking moto jouxtait le départ du parcours du combattant. Mais j'ai eu raison de m'y astreindre.

La marche commando.

Cet exercice stupide qui consiste à parcourir 8km en moins d'une heure n'est finalement pas si stupide que cela. C'est l'idée que je m'en faisais jusqu'à l'explication rationnelle d'un cadre. En effet, après un coup de main, il était considéré à l'époque, que s'éloigner d'au moins 8km du point initial en moins d'une heure permettait de se replier et regagner ses lignes sans être repéré par l'ennemi, même avec une reconnaissance aérienne. Un rayon de 8km donne une surface à couvrir extrêmement importante.

Je réaliserai finalement cet exercice en 55 minutes ! Moyen pour certains, excellent pour moi qui n'y arrivais pas au début. Je n'ai plus jamais réalisé de marche commando depuis. Sauf une marche rapide mais sans sac ni arme.

En ce qui concerne le parcours du combattant, les samedis de retenue volontaire m'ont apporté un entraînement supplémentaire qui m'a permis de « passer » ! Je vois encore les copains enfourcher leurs motos pour partir en week-end et moi épouser la girafe, la fosse et autres plots de ce parcours que plus jamais je ne réaliserai.

L'armée n'est pas un ascenseur social, c'est un escalier social, il y a des efforts à produire pour arriver au sommet.

L'épreuve du combat.

L'ensemble des épreuves se passent bien, le combat est une manœuvre ou j'excelle d'habitude.

Pour l'examen je tombe sur RRL : réduction d'une résistance localisée. Je donne mes ordres clairs limpides et sans hurler … n'est-ce pas sergent ! C'est ma guerre ! poussez-vous ! c'est moi qui commande !

Le capitaine examinateur est conquis. L'examen c'est bien passé, il m'attribue une excellente note. Il me narre même une histoire dans laquelle il entendait un élève donner des ordres si forts que l'ennemi les entendait aussi.

Je ne referai plus de combat jusqu'à la préparation d'un second examen, le certificat militaire du second degré (CM2), lequel permet l'accès aux grades supérieurs (chef, adjudant, adjudant-chef).

Sergent !

Un de ces après-midi, après avoir beaucoup œuvré, nous arrivons dans nos chambrées, et nous découvrons avec beaucoup de satisfaction le grade de sergent et les petits équipements qui l'accompagnent, posés sur chacun de nos tabourets. L'adjudant nous invite à porter nos galons à partir de cet instant nous ne sommes plus élèves mais Sous-Officier à part entière.

Le port du grade.

Dès cet instant, nous sommes invités à nous présenter en qualité de sergent, et c'est très appréciable. Je serai pour ma part Maréchal des Logis, mais je déteste cette dénomination. Alors je profite des quelques jours qu'il me reste ici pour savourer le titre de sergent que je trouve plus conforme à la représentation que j'en avais.

En effet, mon classement de sortie m'a permis de choisir l'Aviation Légère de l'Armée de Terre (ALAT) et j'arbore des gallons dorés. Le béret est d'un bleu roi bien visible et différent de celui que je portais jusqu'alors.

La tenue GAO réintégrée depuis la fin de la seconde année, il nous est permis de déambuler en treillis et le grade sur velcro ressort très bien. Sur la chemisette les chevrons ressortent bien également, et enfin c'est la livraison de nos tenues de sortie. Pour le képi, la bande sous-officier dorée s'intègre parfaitement et réhausse l'allure de ce couvre-chef. Je possède encore aujourd'hui ce képi depuis tout ce temps.

La fête de la promotion : Un baptême.

Promotion Maréchal des Logis Chef TOUSSAINT, 14ème promotion de l'EETAT/ENTSOA notre cérémonie d'adieu est magnifique et grandiose. Souvenez-vous au début lorsque je vous parlais des chants, de l'ordre serré. Tout ceci mis en œuvre par tout un bataillon, dans un mouvement d'ensemble extrêmement bien minuté, en présence des familles et du public auvergnat.

Je suis plus spécialement chargé de déposer un groupe motopropulseur (GMP) de char AMX 10. De tracter le char, sans moteur désormais, avec une corde sur une distance d'environ 50m, d'y replacer un autre GMP, puis de le voir démarrer … le tout en moins de temps qu'il ne faut pour le dire !

Le public apprécie, les autorités également. Merveilleux souvenir.

Adieu Issoire.

Nous recevons nos cantines métalliques à nos noms, et il est l'heure de les expédier chez nous. Après le baptême de promotion, il est l'heure de partir. Les bleus sont allés en permission, les 2ème année prennent notre place en devenant les nouveaux 3èmes année et ils sont soit de garde soit de permanence pour certains, les autres partent en congés eux-aussi. Puis, c'est notre tour.

Nous avons l'autorisation d'approcher nos véhicules de la compagnie pour charger nos affaires. Pour moi, tout est parti avec la cantine. Me voilà à moto, planté devant ma compagnie. Le souvenir des souffrances fait vite place au délice de la réussite. Non, ce n'était pas gagné d'avance. J'ai gravi l'escalier, je n'ai pas bénéficié d'un ascenseur !

Merci à tous ceux qui m'ont fait devenir un homme jeune plein d'allant. Même toi « A » tu y a ta part et toi « D » qui m'a fait confiance. Je dirais que tu es le Pr LAPERLE de mon enfance.

La rentrée se fera au 2ème Régiment d'Hélicoptères de Combat détachement de FREIBURG en Allemagne. Mon classement m'a permis de choisir aussi cette affectation. La notation « note de gueule », « cote d'amour » retenue par mes chefs est « excellent », « fera un excellent sous-officier ». Je ne les décevrai pas.

Issoire, Clermont, Ussel, Tulle, Brive, Souillac, Cahors, Montauban, Toulouse, Tarbes, puis Pau. Je vendrai cette jolie moto Honda CB 125 K5 pour aller en Allemagne. Ce voyage de retour à Pau m'a fait savourer la pratique de la motocyclette. Le souvenir de ma halte dans un camping à Souillac est encore très présent. En effet, arrivé là, je trouve un camping qui accepte de m'héberger une nuit moi et ma moto pour 5Fr. La tête près du moteur dont la chaleur favorise mon endormissement, je me réveille à la fraîche pour terminer ce périple de retour vers Pau.

Trois années ont passé, si longues et si rapides à la fois. Demain l'arrivée « au régiment » sera un nouveau départ. J'appartiens désormais aux Forces Françaises en Allemagne (FFA).

1976 - 1979

14 ème promotion : MDL /Chef TOUSSAINT

Bernard TOUSSAINT est né le 18 février 1934 à Sapois (Vosges). En 1953 il s'engage dans l'arme du Train et rejoint le 585 ème bataillon du train en Algérie en 1956 après avoir été nommé Maréchal des logis. Pendant 5 ans il va servir dans ce régiment et prendre part à de nombreuses opérations et sera cité pour des actes de bravoures à BOUIRA et TENIET -EL- HAAD.

Promu MDL/C le 1 juin 1960, il est adjoint au chef de section.

Le 8 octobre 1961 , il est engagé dans l'opération "sanglier" dans la zone de DRARIA dans la recherche des chefs de la rebelion d'ALGER.

Au cours du premier assaut, des officiers sont tués à bout portant. L'assaut devient impossible jusqu'à l'arrivée d'une auto-mitrailleuse. TOUSSAINT qui a pris le commandement de la section monte à l'assaut, atteint la mechta ou sont retranchée les rebelles. Touché par une rafale, il tombe mortellement blessé, et donne l'ordre à ses hommes d'épargner les prisonniers.

Il recevra la médaille militaire et la croix de la valeur militaire avec palme à titre posthume.

La 14 ème promotion est incorporée le 5 septembre 1976 avec un effectif de 671 élèves.

3ème Partie - Servir

La vie active, la carrière militaire.

Première affectation sortie d'école : Fribourg-en-Brisgau ou Freiburg im Breisgau.

Je retrouve un camarade de promotion, Philippe CHAMBON, à la gare de Mulhouse, nous franchissons la frontière ensemble, direction Freiburg. Je l'écris en allemand pour éviter la confusion avec Fribourg en Suisse mais surtout par habitude. Forte de plus de 230.000 habitants, idéalement située dans le Bade-Wurtemberg, Freiburg est une ville très bien située non loin de la frontière Française. Ça compte au début, puis assez vite ce sentiment rassurant s'estompe. Les tramways que je voyais dans les films, ici ils sont vrais.

Le binôme que nous formons arrive dans cette ville allemande magnifique dans laquelle nous allons passer notre première nuit. Philippe avait l'habitude des voyages avec en poche le guide du routard. La Grèce et autres contrées, il m'avait comté les périples et découvertes de ses pérégrinations lorsque nous étions dans la même section à Issoire.

Tout est nouveau pour moi.

Alors que nous étions arrivés dans un hôtel, la chambre à lits jumeaux laissait entrevoir qu'il n'y avait pas de draps. Jusqu'à l'école militaire comprise, je n'avais jamais vu de « couette » ou un lit sans drap du dessus. Je découvrais l'avantage de ne pas avoir à border le lit comme à la caserne où les lits mal faits au carré finissaient en cathédrale. Phillippe lui connaissait ce dispositif. Il était celui qui avait l'une des premières montres à quartz dont les chiffres rouges luminescents m'impressionnaient beaucoup lorsque nous étions encore à Issoire.

Une langue qui m'attire.

L'hôtel que nous avons choisi est tout près de la gare ferroviaire où nous sommes arrivés. Très peu éloigné du centre-ville, nos premiers pas seront facilités d'autant. À l'heure du casse-croûte il convient de demander dans la langue de Goethe un menu pour calmer nos appétits.

Le menu, frugal, est composé d'une saucisse enserrée dans un pain rond étrange accompagné de sauce. La saucisse bien plus longue que le pain dépasse généreusement ce qui rend la dégustation moins aisée que s'il s'agissait d'un pain long. La baguette me manque déjà. Nous venons de manger « BRATWURST ». Ce qui signifie saucisse en allemand.

Puis nos pas nous amènent vers la cathédrale et le centre historique de la ville. L'expression même de la langue qui désormais m'entoure, l'accent guttural, sont agréables à mes oreilles. Sans en comprendre un traître mot, je trouve que « ça sonne bien ». Heureusement pour moi, nous y reviendrons plus tard.

Le lendemain, c'est le grand jour, il faut rejoindre notre nouvelle caserne. En fait c'est une base de l'ALAT. Nous voilà tous deux à imiter le bruit de l'hélicoptère en faisant des ronds au-dessus de nos têtes pour tenter d'expliquer au chauffeur de taxi que nous souhaitons nous rendre à la base. « *Ach ja, der Flugplatz* » nous lâche le chauffeur. Nous prenons le risque de dire oui « Ja » en allemand prononcez « ya ». Pile poil nous arrivons devant le poste de police de la base (poste de garde à l'entrée). Poste de police sera une appellation abandonnée au profit de poste d'entrée, poste de garde ou encore poste de sécurité.

Perception de la nouvelle pucelle et de la fourragère TOE du 2ème Régiment d'Hélicoptères de Combat (2ème RHC), détachement de Freiburg.

Nous sommes immédiatement pris en charge par le président des sous-officiers, catégorie à laquelle nous appartenons depuis notre nomination au grade de sergent. Zut, il faut dire Maréchal des Logis à présent (MDL). L'aviation légère de l'armée de terre (ALAT) est une subdivision d'arme de l'artillerie du temps des groupes d'aviation d'observation d'artillerie (GAOA). Nous en prenons donc les gallons dorés et les appellations.

Puis, en signe d'appartenance à notre nouvelle unité, les insignes correspondants et la commande de notre nouveau képi, le noir artillerie/ALAT remplaçant le bleu ciel école ; sont opérés.

« *Vous serez au 2ème échelon* ». C'est en fait l'atelier auto de notre nouveau régiment lequel a la charge de l'entretien et de la réparation de l'ensemble des véhicules de la gamme militaire et civile.

Nous sommes présentés au chef d'atelier, l'adjudant-chef BOUTET. Un ancien qui semble connaître la musique. Philippe désigné volontaire pour l'équipe poids-lourd et moi, même type de volontariat, équipe VL. Nous encadrons dès cet instant une équipe de 3 ou 4 mécaniciens tous issus du contingent. Ils font leur service militaire loin de chez eux, et la motivation doit être maintenue si nous voulons des résultats. Sans m'en rendre compte immédiatement je pratiquerai alors plus le management de l'équipe que le commandement. Je rappelle ici pour les puristes que le commandement est inclus dans le management. Cela me suivra toute ma carrière.

Les avantages d'appartenance au corps des sous-officiers.

Notre grade nous permet d'accéder au mess des sous-officiers, de disposer d'une chambre individuelle laquelle est située sur la base tout près du mess. Il existe un mess de garnison, en ville celui-là, que nous pouvons fréquenter les soirs ou les week-ends.

Son standing est impressionnant, cela change de l'ordinaire (cantine) dans laquelle nous avons pris nos repas 3 ans durant à Issoire.

La solde et une considération supérieure à celle d'un soldat ou caporal apportent un sentiment confortable d'appartenance à ceux qui dirigent. Très vite ce sentiment est tempéré par la réalité, mais l'image du cadre instillé à Issoire est présente. Les formations de spécialité qui sont offertes à un sous-officier sont également d'un niveau de technicien (CT1) puis de technicien supérieur (CT2). Ce chef d'équipe doit faire preuve de beaucoup d'initiatives dans sa spécialité.

Les responsabilités.

Le Maréchal des Logis (Sergent), est un jeune sous-officier qui est souvent désigné pour assurer les fonctions de chef de poste (de garde), sergent de semaine ou sous-officier de semaine. Le groupe de disponibilité opérationnelle (DO) est aussi placé sous l'autorité directe de ce sergent.

De nombreuses fonctions peuvent être confiées à ce jeune sous-officier, notamment l'encadrement de proximité. Je découvre rapidement que le terme cadre souvent employé, ne correspond pas à la réalité. Si j'osais un comparatif je dirais qu'à partir de capitaine on est effectivement un cadre, mais il y a des exceptions si nombreuses qu'il ne faut pas généraliser.

C'est donc chef d'équipe VL que j'opère, freins de jeep, remorques, petit bus 28 places, petite camionnette (UNIMOG) etc.

L'UNIMOG est un petit camion de marque Mercedes équivalant au Marmont Français celui-là. Je procède à des dépannages, en dehors de la base, le plus souvent sur des camions dont le robinet essence est juste à basculer sur « réserve ». En effet, bon nombre de chefs de bord partent en confirmation sur des circuits reconnus et négligent de contrôler l'état du réservoir de carburant. La confirmation est une période de conduite qui permet de valider un permis militaire. C'est à l'issue de cette formation continue obtenu après le passage du permis militaire, que le conducteur sera autonome à partir en mission hors de la base (ou caserne).

D'autres fois, plus rare, un remorquage ramène tout le monde à la base. Cela me permettra de passer mes permis du groupe lourd pour satisfaire à cette mission-là. Je me souviens encore d'un ancien qui, pendant l'une de mes permanences (DO) me sollicitait pour régler les culbuteurs de sa Porche 911. Je n'entrevois pas d'avenir radieux dans cette spécialité, j'ai soif de m'élever.

Je garde le souvenir de mon premier « vol officiel ». L'adjudant-chef me dit un jour, « *venez AMESTOY, nous allons voler* ». Je me voyais partir à Friedrichshafen ou ailleurs chercher des pièces pour notre atelier. C'était bien ça, mais en voiture, au régiment du Train à coté pour subtiliser des bouchons de roues de remorque que nous n'arrivions pas à commander efficacement. « *Escaladez la grille et prenez-en deux ou trois* ».

Je m'exécutais et sentez bien que si la discipline militaire qui m'avait été enseignée était stricte, son interprétation semblait permise parfois.

Changement de spécialité.

Comme évoqué plus avant, il est possible de candidater sur des spécialités supérieures en qualité de sous-officier. Il me sera proposé ainsi qu'à Philippe CHAMBON, de suivre une formation de mécanicien cellule et moteurs à Bourges. Nous acceptons de concert et le chef d'atelier nous fait bien sentir qu'il est dommage de nous en aller alors que nous atteignons un niveau de pratique désormais opérationnel et efficace dans la mécanique auto. Arrivés en septembre 1979, nous sommes sur le point de changer de cap dès 1981. L'aéronautique nous attire et c'est bien naturel. Cette pratique assez courante permettait à l'ALAT de gonfler ses effectifs de mécaniciens aéronautiques, tant elle devenait de plus en plus une arme à part entière à l'instar de l'infanterie, de la cavalerie, de l'artillerie etc.

C'est donc à Bourges à l'école supérieure et d'application du matériel (ESAM) que nous irons chercher ce magnifique insigne des spécialiste ALAT. Après une formation de 4 mois, l'alouette II et l'alouette III n'ont « presque » plus de secret pour nous. Nous serons rapidement inscrits à un complément de formation dénommé « phase I » pour étendre nos connaissances sur l'hélicoptère Gazelle qui équipe notre régiment.

Je suis affecté à l'EHA 3[6], une escadrille de Gazelles SA 341 équipé de missiles anti-char HOT. Philippe rejoint la 5ème escadrille équipée d'Alouettes III usant de missiles SS11, une ancienne génération qui sera remplacé très vite par la Gazelle SA 342 missile HOT. Les trois escadrilles anti-char de Freiburg reçoivent les premiers SA342. Ainsi la 3ème EHA, la 4ème EHA et la 5ème EHA sont désormais identiquement dotées.

Moteur turbine Astazou XIV M de chez Turbomeca au lieu de l'Astazou III, une puissance supérieure et un équipement général amélioré. Fer de lance des escadrilles anti-char (EHA).

Nous sommes le détachement de Freiburg, il y a à Friedrichshafen la partie principale du régiment avec les escadrilles de manœuvre Pumas (EHM) et l'escadrille d'hélicoptère léger de reconnaissance (EHL). Il existe encore

[6] 3ème Escadrille d'Hélicoptères Antichars.

une escadrille d'appuis protection (EHAP) la 1ère EHAP, munie d'un canon de 20mm en sabord. Ainsi est composé le 2ème Régiment d'Hélicoptères de Combat en ce qui concerne les hélicoptères.

À l'époque où il était estimé que l'ennemi viendrait de l'Est, plus précisément de la trouée de FULDA, pendant la guerre froide, nous étions là pour servir en cas de besoin. Arrêter les 40 divisions blindées du pacte de Varsovie se jetant sur nous devait nous assurer la victoire en stoppant ce rouleau compresseur. Puis la détente, Glasnost et perestroïka, les dividendes de la paix, et … Oups ! On y revient ?

Je suis très souvent désigné pour guider les convois routiers que je mène à destination de tel ou tel point, une merveilleuse histoire sentimentale m'a amené à apprendre le minimum de cette langue[7]. Le souvenir amusé d'un élément perdu m'annonçant qu'il était en direction « d'UMLEITUNG » me vient également. En effet, UMLEITUNG signifie déviation. C'est un coup à tourner en rond. Vous comprenez à présent qu'il était bon pour moi d'avoir aimé cette langue dès le début de mon arrivée.

Les OPEX, les changements.

La Force d'action Rapide (FAR) nouvellement créée, n'est pas encore tout à fait opérationnelle. Par moquerie nous disons Force

---

[7] Merci Angélique, Danke Angelica.

qui Avance et qui Recule. C'est donc un régiment de corps d'armée qui sera engagé outre-mer. Le IIème corps d'armée (les FFA) vont désigner le seul régiment ALAT existant, soit nous. Les autres unités ALAT stationnée en Allemagne sont des Groupe d'Hélicoptères Légers (GHL) je citerai le 12ème de Trèves dont deux de ses hélicoptères étaient présents à Freiburg pour servir l'état-major de la 3ème division blindée dont le QG était ici.

Opération MANTA – Tchad 1983-1984.

C'est en Afrique au Tchad que notre régiment sera projeté, et pour ma part d'août 1984 à novembre 1984. Dans le cadre d'accords bilatéraux entre nos deux pays, la France assiste puis soutient militairement son pays ami face à l'agression Libyenne de KADHAFI.

Détachement ALAT-MANTA.

À l'issue de la guerre civile précédente, 1965-1979, l'offensive Libyenne démarre dans le nord du Tchad sur la bande d'Aouzou. La Libye soutient le rebelle Goukouni Oueddei, ancien ministre de la Défense du Tchad, et la France renforce Hissène Habré président en exercice. La géopolitique n'étant pas l'objet de ce livre nous renvoyons chacun aux ouvrages de référence pour ce faire une idée précise des tenants et aboutissants de cette situation et du rôle exact de la France.

N'DJAMENA ex Fort Lamy[8].

La désignation opérée pour participer à cette mission, nous percevons notre passeport, nous recevons des injections (Fièvre jaune, gamma globuline) et des cachets (Nivaquine). La mise en place à Paris, nous conduira à l'aéroport pour prendre l'avion.

La dernière fois que j'ai pris l'avion, je n'ai jamais atterri. En effet, j'ai été assez fou pour sauter en parachute alors que j'appartenais à la section militaire de parachutisme sportif (SMPS) à Issoire. Cette fois, ce gros avion me posera à N'DJAMENA, capitale du Tchad. Ce vol est donc pour moi une première tant l'altitude est imposante. Survoler la mer, les montagnes, apercevoir le désert, même de nuit c'est quelque chose. Les torchères des puits de pétrole sont également visibles.

Après cinq à six heures de vol, nous arrivons à destination. Le jour se lève. La porte de l'avion s'ouvre. Une chaleur inhabituelle envahir l'habitacle. Elle frappe comme un mur. Nous sommes au Tchad. Le tarmac, pas de douanes, pas de formalités.

---

[8] Fondé en 1900 sur un petit village alors nommé KOTORO. Baptisé Fort-Lamy en souvenir du chef de bataillon LAMY est mort quelques jours plus tôt à la bataille de KOUSSERI. Le nom actuel N'DJAMENA sera pris en 1973, il signifie Tchadien en arabe.

On nous rassemble par groupes, par détachements. La ville ? nous ne la verrons pas tout de suite. sur le tarmac, nous ne verrons pas la ville. Pas tout de suite. Des avions de type C160Transall sont alignés et nous sommes répartis pour un embarquement quasi immédiat. Je suis sur celui qui va à MOUSSORO. Poste avancé à 300 km au nord de N'Djamena. Le décollage ne tarde pas, et vers 10h00 environ, nous sommes arrivés sur une piste non bétonnée, ni même goudronnée. Je découvre la latérite qui sera mon paysage pour les trois mois à venir.

À Moussoro on est heureux.

La chaleur est ici assez forte, le sable présent partout et la première image qui s'offre à moi à la descente de l'avion, c'est cette immensité qui me rappelle que je suis bien loin de BUSSUNARITZ. À cet instant je mesure l'éloignement de ma terre natale.

Petit pot de bienvenue par ceux qui sont là, sous une tonnelle faite de bric et de broc avec des nattes (paillasse) qui servent par terre et sur les toits. Ceux qui partent nous conduisent sous le « boukarou » dans lequel nous prenons leur place. Leur lit picot devient le nôtre. L'arme aussi, ils nous la laissent. Pour moi c'est un FAMAS avec un casque plein de cartouches en vrac. Elles s'ajoutent aux chargeurs dont je dispose dans le brellage. Ce fusil d'assaut est rangé dans un sac de toile lequel dormira avec moi tout le séjour. Chargeur engagé mais non armé. Ce qui signifie que pour effectuer un tir je dois armer le fusil en agissant sur le bouton d'armement. On comprend ici la nécessité impérieuse de sécurité avec les armes.

Les partants décollent et nos soirées sont ponctuées de chant et de bière GALA. Bon sang que c'est bon quand c'est frais. « *La gala c'est le goût du bonheur, celui qui n'en boit pas un jour il meurt, etc.* » *ou encore* « *A Moussorro on est heureux, on vit comme des p'tits amoureux etc.* ».

Puis la politique internationale se rapproche de nous, les autorité Françaises ont décidé d'interdire l'accès aux forces libyennes sous le 16ème parallèle puis le 15ème. Nous effectuons des patrouilles en Hélicoptère, la mécanique souffre dans ces contrées désertiques, le sable use très vite les ensembles tournants.

Nous manipulons missiles HOT et obus de 20mm avec d'infinies précautions au début, puis le temps passant, nous comprenons qu'ils sont assez solides pour être déposés sur le capot de la jeep rapidement avant d'être attachés aux rampes missiles de nos gazelles.

Nos deux mascottes sont justement deux adorables petites gazelles l'une surnommée HOT et la seconde, canon. Elles dévorent tout ce qui se trouve dans les cendriers, absorbent des pages de magasine, c'est surprenant. « *Non, laisse AMESTOY, elle ne risque rien* », me dis-t-on dès que je cherche à les préserver. Les singes m'amusent beaucoup moins, ils mordent, sante fort et chipe tous ce qu'ils trouvent. Un chameau est également de la partie, « *c'est l'Afrique patron* ! »

Je me souviens du film Fort Saganne lequel a trouvé une place dans mon imaginaire et surtout dans le paysage, bien réel celui-là, lorsque nous nous sommes arrêtés à SALAL. Cette fois je suis en camion et nous effectuons une patrouille MOUSSORRO, SALAL, KORO-TORO et environs. La nuit passée à Salal à la belle étoile est magique. Le petit fortin colle parfaitement avec le film précité. La fraicheur des nuits dans le désert est réelle et le duvet léger est apprécié.

J'avais été désigné car je connaissais l'utilisation des lampes permettant de faire poser un hélico la nuit. Orienteur Marqueur baliseur (OMB).

Nous avions amené avec nous un réservoir supplémentaire de gazelle (2001) très léger quand il est vide. Rempli d'eau, nous pensions être à l'abri de la soif. Douze kilomètres à peine après avoir pris la piste, une énorme crique laissée échapper cette eau. Très léger ais-je dit ! Donc très fragile ! Les soubresauts de la piste ont eu raison de ce mirage. Ce réservoir était conçu pour être monté dans la gazelle supportant ainsi des vibrations tout au plus. Leçon apprise.

Une citerne de 30m^3 d'eau avait suivi le convoi, mais nous avons été obligés de la laisser à Salal jusqu'à notre retour tant elle s'ensablait. A notre retour, quel ne fût pas notre bonheur d'avoir la permission de la vider pour faciliter le retour sur Moussorro. Une douche en plein désert avec de l'eau relativement fraiche … ho oui cette vanne ouverte nous délivrait toute cette eau sans notion aucune de gaspillage ! Nous sommes 3 ou 4 en en avoir profité.

Puis, c'est enfin le retour sur notre point d'attache Moussorro. Ainsi se passe le séjour jusqu'à notre retour, d'abord sur N'JAMENA. Le retour dans la capitale du Tchad initialement prévu par la piste en jeep et camionnette, sera remplacé par un embarquement de nos deux véhicules dans un C160Transall, 40 minutes de vol au lieu de 2 jours de piste. Fin de l'opération MANTA.

Ils partent nous partons, ils restent, nous restons, ils reviennent, nous revenons. C'est en substance ce que Claude CHESSON[9] alors ministre des Relations extérieures installe comme conditions de notre départ. Un détour en hélicoptère vers BANGUI en République Centrafricaine (RCA) pour une phase d'attente au cas où, c'est l'opération Silure, puis, enfin Paris et Freiburg. Les changements liés aux mutations sont aussi partie intégrante de la vie militaire.

Nouvelles mutations.

A notre retour au régiment, il faut se rendre à l'évidence, l'Allemagne c'est fini. Il faut rentrer en France car le plan annuel de mutation en a ainsi décidé. Pour moi c'est MONTAUBAN

[9] Déclaration de M. Claude Chesson, ministre des Relations extérieures, en réponse à deux questions sur les conditions de retrait des troupes françaises du Tchad, à l'Assemblée nationale le 10 octobre 1984.

dans le Tarn-et-Garonne, pour Philippe, PHALSBOURG en Moselle.

Taxi volant pour la 11ème DP.

Je suis affecté au 4ème Groupe d'Hélicoptères Légers (4ème GHL) détachement de Montauban. La portion centrale se trouvant à Souge tout près de Bordeaux. Les missions des GHL sont essentiellement des missions de transport d'autorités dans les États-majors ou Régions militaires. Je retrouve les Alouettes II améliorées par un moteur Astazou II bien plus performant et plus économe en carburant que les anciens modèles Artouste.

Les Paras sont là.

Le détachement ALAT de Montauban est stationné dans l'enceinte même de l'Etablissement de Réserve Générale du Matériel (ERGM) jouxtant l'aérodrome. Il a pour mission principale le transport des autorités de la 11ème Division Parachutiste stationnée à Toulouse. J'arrive en mars 1985, je suis nommé Maréchal des Logis-chef en 1986 le 1er janvier. L'appellation est désormais « chef » bien plus agréable que MDL.

Les personnels du détachement.

Cette mission nous amène très souvent à transporter le commandant de division, le Général à 3 étoiles. Je me souviens du détachement du 12ème GHL dont deux appareils étaient stationnés à Freiburg pour servir la 3ème DB. Je fais à présent le même métier au profit de la 11ème DP.

Notre détachement est composé d'un officier pilote issu de l'armée de l'air, Franck PIERRE. Un homme qui offre une belle allure pas trop altière pas trop hautaine, juste ce qu'il faut pour l'image de l'officier que j'avais avant l'armée. 3 autres pilotes sous-officiers sont également à la manœuvre. 2 mécaniciens, Didier HEWETT chef de piste, un adjudant-chef et moi son adjoint. Après quelques départs et arrivées je garde un excellent souvenir d'un pilote hors pair, Olivier CRINON. Ce passionné d'aéronautique était bien à sa place. Il n'avait de cesse de me montrer les rudiments du pilotage de l'alouette II. L'équipage étant très souvent composé d'un mécanicien et d'un pilote, il fallait être capable de voler en cas de mauvaise météo pour aider le pilote. Tout ceci n'existe plus aujourd'hui. André LECHANTRE, Patrick LECAS, Thierry de METZ… vous étiez-là aussi. Aux deux hélicoptères SA318 C il convient d'ajouter la mobylette, la méhari et le tracma pour la traction des hélicos jusqu'à la piste.

Je ne peux ici oublier, notre soldat issu du contingent lequel effectuait son service militaire.

Les unités fréquentées.

La première fois que le général commandant la 11ème DP est de passage au détachement, le Lieutenant PIERRE me présente comme nouvel arrivant. « *AMESTOY, c'est basque çà ! Vous avez tué Roland à Roncevaux.* » me lance-t-il. « *Il fallait bouffer mon général* ! » ais-je répondu. J'avais connu le Général LEPAGE à Moussorro où il était colonel commandant le 8ème RPIMa et chef de l'élément Français.

Nous visiterons le 8ème RPIMa de Castres, le 6ème RPIMa de Mont-de-Marsan, le 1er RPIMa de Bayonne, 7ème RPCS d'Albi et d'autres encore ailleurs.

Nos missions nous amènent de Toulouse à Castres, Toulouse-Albi, Toulouse-Bayonne ma mission préférée, Toulouse Montpelier etc. Je réaliserai plus de 1100 heures de vol durant cette mutation. Le temps passe de plus en plus vite, le grade d'adjudant qui m'est attribué en 1990 me rappelle que la prochaine mutation sera vite là.

Franck PIERRE sera nommé capitaine, et il sera muté conformément au plan annuel de mutation (PAM). Remplacé par Georges POULET, un ancien de l'arme blindé de cavalerie, c'est un personnage pétri de fierté d'avoir réussi le passage du statut de sous-officier à celui d'officier. Il a travaillé sans aucun doute, cela se sent. D'une tenue irréprochable, il n'a pas cette prestance naturelle que possédait PIERRE. Peu importe, le lieutenant POULET n'a pas à me plaire. Il m'arrivera très rarement de me prendre le bec avec lui. Je ne sais s'il est rancunier ou non, mais mon évaluation retenue pour le concours officier a enterré définitivement ce projet. Je brillerai ailleurs le moment venu.

Ici aussi il y a une fin, et la mutation est annoncée pour le 3ème Régiment d'Hélicoptère de Combat (3ème RHC) à Etain en Meuse.

La der des ders.

Je ne le sais pas encore mais cette mutation sera la dernière en qualité de militaire d'active. Un poste de chef de piste à la 5ème escadrille d'hélicoptères antichar (5ème EHA) m'est réservé à Etain.

Responsable mécanique.

C'est l'occasion de tenir des postes à responsabilité soit en qualité de chef de piste, ce qui sera le cas, soit en qualité de chef d'atelier.

Chef de Piste HL-HA.

À mon arrivée à Etain, je suis nommé chef de piste de l'EHA 5. Reçu par le colonel puis le commandant d'unité élémentaire je prends rapidement mes fonctions.

Mon adjoint est un Maréchal des logis-chef sur lequel on peut se reposer, les mécaniciens sont débrouillards et efficaces sauf un qui ne voulait pas être là dans cette spécialité, qui l'avait dit, et qui malgré tout se trouve là.

Il y en a un qui sort du lot, pourtant la rigueur statutaire sur la réussite aux examens le cantonnera au grade de MDL. Dommage, il est très efficace, c'est injuste.

Les pilotes sont pour la plupart sous-officiers comme nous, c'est très pratique pour les enguirlander quand cela est nécessaire. Aujourd'hui les pilotes de l'ALAT sont tous officiers. Les officiers sont au nombre de 4 si je me souviens bien. Il y en a un qui me fait penser à POULET de Montauban, il est très satisfait d'avoir franchi le Rubicon. Je ne me souviens pas avoir étalé une telle fierté après la soutenance de ma thèse de doctorat ou d'avoir été nommé directeur départemental. Pas même après avoir remporté le prix des lecteurs du SHD 2024. En tout cas le capitaine qui commande est bien entouré, ça roule, ça vole tout va bien.

Quelques sorties hors de France.

Une escapade en Norvège pour participer à un exercice commun avec les forces de ce pays, seront l'occasion de voler vers le Danemark, traverser vers le golfe d'Oslo puis bifurquer à Stavanger en Norvège.

A notre arrivée sur la zone, le chef nous interdit toute sortie en ville. Je trouve ce manque de confiance bien étrange et décide de passer outre. Je sollicite mon MDL qui n'aime pas ce qu'il fait mais demeure très débrouillard par ailleurs. Charge à lui de trouver un Norvégien avec une jeep. Il trouvera un 4X4 rallongé et nous pourrons nous éclipser en ville.

Arrivé devant un bar magnifique, nous entrons. Remarquant un escalier qui conduisait à une salle de billard en dessous, je propose de descendre, c'est plus discret.

Quelle ne fut pas notre surprise arrivé en bas de l'escalier de trouver là le capitaine qui avait interdit les sorties, accompagné du colonel et des autres officiers. Faites ce que je vous dis, pas ce que je fais ! Nous sommes remontés et avons consommé raisonnablement au-dessus. Le lendemain la « *bande à AMESTOY* » était autorisée à sortir. Je demanderai au capitaine de bien vouloir me convoquer à notre retour en France pour évoquer ce total manque de confiance. Il ne le fera jamais.

Puis, il faut partir outre-mer. Je suis revenu dans un régiment de combat non ?

Ce sera la République de DJIBOUTI pendant 4 mois ensoleillés. Rien de spécial c'est l'Afrique patron ! Il fait chaud. Les officiers plus distants que lors de mon premier séjour ne m'ont pas dérangé, j'avais carte blanche ça tournait bien.

Une autre sortie au Canada viendra agrémenter notre quotidien. Je retrouverai l'un des officiers qui était avec nous et qui a été muté au Canada dans le cadre d'un échange. C'est justement dans ce cadre que le capitaine Canadien présent chez nous au régiment avait organisé cette escapade, Luc LACASSE. Fini l'escadrille je cède la place à mon adjoint.

Chef d'atelier HL-HA.

Juché en haut de mon perchoir, cet escalier qui conduisait à mon bureau et offrait une vue plongeante, j'aperçois mon ami l'adjudant-chef Michel JEAN, chef d'atelier HL-HA et Denis PHULPIN contrôleur expert mécanicien adjudant-chef lui aussi.

J'ai compris ce qui allait arriver car je savais Michel JEAN sur le départ.

Le 2ème échelon, mais pour Hélicos.

Ils m'ont demandé d'accepter de remplacer Michel à son départ. Je leur fais observer qu'il y a un autre adjudant-chef, plus gradé donc. C'est moi qu'ils veulent pour le proposer au chef des services techniques, lequel est un officier brillant, ancien ingénieur de chez POCLAIN.

Après une hésitation mesurée, j'accepte car je sens bien qu'ici je n'obtiendrais pas ce que je souhaite. Le grade d'adjudant-chef.

J'ai toujours grimpé l'escalier je n'ai jamais bénéficié d'un ascenseur.

J'ai eu raison de partir, ma notation est tout à fait correcte, mais sans relief particulier ni projet tangible d'avancement pour l'avenir proche. Celui-là non plus ne me semble pas rancunier.

Je suis donc affecté en qualité de chef d'atelier, mon nouveau chef, un ancien ingénieur de chez POCLAIN et un capitaine qui m'a connu à l'époque des FFA à Freiburg. Mon adjoint ici aussi est tout à fait capable, il me remplacera à mon départ. 40 personnes réparties en mécaniciens cellule et moteur, et électroniciens.

Les 52 gazelles du régiment sont sous notre responsabilité en ce qui concerne l'entretien et le suivi technique. C'est un poste très valorisant « *officier mécanicien ou faisant fonction* » nous dit le manuel. Le titre même un peu pompeux « *expert mécanicien chef d'atelier d'appareils à voilure tournantes* ». J'exulte dans l'exercice quotidien, je sens bien l'équipe qui me le rend bien, c'est génial. Ma promotion au grade d'adjudant-chef intervient en 1995.

Pourtant, un soir de permanence, un accident de service va compromettre cette belle idylle. Il faudra songer à se replier vers un emploi sédentaire strict comme ils disent.

Une fin annoncée.

Les blessures s'aggravant, je dois rejoindre un poste sédentaire. Le chef des services technique me propose de venir le rejoindre en remplacement d'un capitaine sur le départ. J'accepte bien sûr, travailler pour cet homme délicieux est un honneur. Je marche beaucoup à l'affect non ?

Pourtant le compte n'y est plus, je déambule avec une canne, j'ai des vertiges, des douleurs, je doute de moi.

Je travaille le plus possible avec Norbert KRAKENBERGER cet ingénieur à l'œil affuté. Lui aussi est bien à sa place, sa vision globale et son sens du détail sans surcharge est remarquable. J'apprends beaucoup.

Je choisirais pourtant la reconversion vers le secteur civil dans l'administration au titre de la loi 70-2.

Dossiers, encore et toujours, il faut que ça passe. Convoqué à un entretien, je vise un poste de secrétaire administratif au sein de ce qui est encore le ministère des anciens combattants.

À la suite de cet entretien, je serai recruté à la Direction Interdépartementale des Anciens Combattants de Lille (DIAC).

4ème partie – Servir autrement

La fonction publique et le droit.

Je suis Commissaire du gouvernement

Le passage de l'uniforme à l'État civil
Rupture identitaire, continuités de valeurs, adaptation aux codes administratifs.

Bref rappel historique – Du ministère des Pensions au ministère des Anciens Combattants

Dès 1917, en pleine Première Guerre mondiale, l'État se dote d'un sous-secrétariat d'État chargé des pensions, traduisant la reconnaissance institutionnelle d'un droit à réparation. Cette organisation devient un ministère autonome au début des années 1920, sous l'intitulé de ministère des Pensions, avant d'évoluer, par élargissement de ses missions, vers le ministère des Anciens Combattants et Victimes de guerre. Progressivement, l'action de cette administration dépasse le seul champ indemnitaire. L'apparition, à la fin des années 1930, de la notion d'anciens combattants dans l'intitulé ministériel traduit l'élargissement de la mission : il ne s'agit plus seulement de réparer un préjudice, mais également de reconnaître une qualité, un engagement et un statut particuliers. Après la Seconde Guerre mondiale, cette évolution se stabilise avec la création, en 1946, du ministère des Anciens Combattants et Victimes de guerre, qui regroupe durablement les compétences relatives aux pensions militaires d'invalidité, à l'action sociale et à la mémoire combattante.

Au fil des décennies, cette administration connaît de nombreuses réorganisations, alternant entre statut ministériel et secrétariat d'État, ainsi que divers rattachements gouvernementaux. Ces transformations, dictées par les réformes successives de l'État, n'ont cependant jamais remis en cause le cœur de sa mission : garantir aux anciens combattants et aux victimes de guerre la reconnaissance matérielle et morale due par la Nation, dans le cadre du droit à réparation. Aujourd'hui encore, ces compétences sont exercées au sein d'un cadre institutionnel renouvelé, mais fidèle aux principes posés à l'issue du premier conflit mondial. Le ministère des Armées et l'Office National du Combattant (ONaCVG) y veillent.

Une sélection, pas un obstacle :

L'entretien de sélection se déroule à Paris. Il n'a rien d'exceptionnel dans sa forme, mais il marque une rupture. Pour la première fois depuis longtemps, je ne suis plus évalué en uniforme. Il n'est plus question de grade, d'arme, ni d'unité, mais d'aptitude, de parcours et de capacité à servir autrement.

Je m'y présente avec ce que je suis : un ancien militaire, une expérience longue, et la volonté de poursuivre le service de l'État dans un autre cadre. Les échanges sont sobres, précis, presque techniques. Rien ne laisse présager la suite.

Quelques semaines plus tard, la décision est prise. Mon recrutement est acté au titre du dispositif dérogatoire prévu par la loi n° 70-2. Je suis affecté à la Direction interdépartementale des anciens combattants de Lille, à compter du 1er septembre 1996.

L'arrivée à Lille se fait sans solennité. Un bâtiment à la cité administrative, des couloirs, des bureaux, des visages que je ne connais pas encore. Je découvre une institution civile, avec ses codes propres, ses rythmes, ses usages. Rien ne m'est hostile, mais tout est nouveau.

Je prends la mesure de ce changement. Je ne quitte pas le service public ; j'en change simplement la forme. À cet instant, je n'ai aucune idée de ce que ces murs, ces dossiers et ces rencontres vont produire. Je suis là pour apprendre, m'adapter et remplir la mission qui me sera confiée.

Le droit comme outil et comme refuge

Construction intellectuelle, rapport à la norme, montée en compétence juridique.

Le service du contentieux des pensions militaires d'invalidité est un univers à part. Les dossiers y sont épais, parfois lourds à manipuler, toujours lourds de conséquences. Derrière chaque chemise cartonnée se cache une histoire singulière, souvent marquée par la blessure, la rupture, parfois l'incompréhension.

À mon arrivée, je découvre une matière rigoureuse, encadrée par des textes précis, des procédures strictes et une jurisprudence déjà dense. Je m'applique à apprendre, à comprendre, à respecter les règles. Il ne s'agit pas encore de passion, mais d'exigence professionnelle.

Progressivement pourtant, quelque chose se met en place. Le droit n'est plus seulement un cadre : il devient un outil. Un outil de réparation, de reconnaissance, parfois de consolation.

Je rends ici hommage à Michel MURAT. Je disais à l'époque « Monsieur Murat ». Je termine aujourd'hui par Michel. Il est le chef de notre service.

C'est un homme d'une grande culture attentif aux nuances d'une rédaction soignée. Il sait donner de la couleur à ces écrits, sans jamais perdre la précision. Une force se dégage de ce personnage parfois mal compris. « *Il est tatasse*[10] » disent certains. Ils confondent exigences professionnelles avec caractère. Un jour, il me dit « *Tout ce que vous écrivez peut finir devant le Conseil d'État* ». Ainsi, encore aujourd'hui je me rappelle cet avertissement bienveillant qui conduit à l'excellence.

Par la tournure de ses phrases et la justesse de ses demandes, il obtenait des avis qui éclairaient réellement l'administration, notamment des avis médicaux, compréhensibles et pleinement exploitables devant le juge. Il ne "forçait" pas un sens : il rendait la question lisible, et la réponse utile.

Ancien instituteur, cet homme m'a donné le goût de l'écriture. Sans humiliation aucune, il m'invite à suivre des cours d'orthographe à Lille. Depuis, je constate une nette amélioration, Merci Michel.

---

[10] Tatillon.

Michel, un jour peut-être, ces lignes te seront rapportées. J'en serais heureux. Et je suis fier, comme je te l'ai dit un jour, « *d'avoir fait l'école Murat* ».

La montée en compétence

Je modernise l'impression des « conclusions », document qui sera transmis aux juridictions et aux parties pour soutenir notre décision relative aux pensions militaires d'invalidité. Il suffisait de créer des raccourcis pour l'usage de l'ordinateur. Ainsi, les entêtes, la matrice générale applicable à tous les dossiers similaires est réalisée automatiquement. Je pousse jusqu'à établir des projets par thème. Maladie-Blessure, qualification juridique importante, Minimum indemnisable, Preuve-Présomption etc.

Je procède surtout à un classement méthodique de la jurisprudence dont la lecture m'amène de solides connaissances. Et enfin, un jour de mars 1997, ma lettre de service de « *commissaire du gouvernement* » arrive ! J'ai désormais qualité pour représenter les intérêts de l'État devant la Cour régionale des pensions militaires et les quatre tribunaux du ressort de cette Cour d'appel : Lille, Douai, Arras et Boulogne sur Mer. Je serai chargé des vacations auprès du tribunal d'Arras pour commencer. Puis, ce sera Boulogne-sur-Mer avec des vacations à Lille et Douai.

Jusqu'en 1953, cette fonction n'était exercée que par un militaire issu des intendants militaires. Ils étaient désignés par le ministre de la Guerre. Depuis, ces fonctions sont exercées par un fonctionnaire. Ce dernier représente tant le ministre chargé des anciens combattant, qui l'a désigné, que le ministre des Armées.

La fonction

Je suis entré dans cette fonction sans solennité particulière, mais avec une conscience aiguë de ce qu'elle impliquait. Je ne l'ai jamais perçue comme un aboutissement hiérarchique, encore moins comme une distinction. Elle était autre chose : une place singulière, exposée, où la parole engage sans jamais décider.

Étude préalable complète du dossier

Lorsque j'étudiais les dossiers au bureau, je commençais toujours par la fin. C'était ma méthode. Avant même l'audience, je voulais savoir où l'administration avait conduit la réflexion pour retenir : un rejet, une aggravation refusée, une décision déjà arrêtée. La conclusion disait souvent plus que le reste. Ensuite seulement, je remontais le dossier, pièce après pièce, pour comprendre comment on en était arrivé là. Cette lecture à rebours me permettait de saisir d'emblée ce qui était en jeu, avant que la procédure n'en disperse le sens.

La décision administrative était déjà écrite. Elle portait la rigueur de la plume, parfois sa dureté. À l'audience, il restait autre chose, le temps du débat, la possibilité de dire, d'expliquer, de nuancer. C'est là que se jouait ma partition.

Devant les juges

À l'audience, justement, je laissais cette méthode en retrait. Je ne venais pas confirmer ce que je savais déjà, mais écouter ce qui se disait, et parfois ce qui ne se disait pas. J'observais les regards, les hésitations, les silences. Je savais que ma parole comptait, non parce qu'elle s'imposait, mais parce qu'elle pouvait infléchir le cours du débat. Être commissaire du gouvernement, ce n'était pas défendre l'administration à tout prix, ni plaider pour le requérant ; c'était veiller à ce que le tribunal juge en pleine connaissance de la situation humaine autant que juridique.

Ma toute première audience :

Je demande au préalable à mon chef de service s'il allait m'accompagner pour ce « baptême du feu », sa réponse, pleine de bon sens, me fait comprendre qu'il m'appartient de représenter l'État, dans la plus grande tradition des magistrats du ministère public. Je m'apprête donc de commenter, plaider éventuellement, contrer tel ou tel argument en gardant à l'esprit que je ne suis pas magistrat mais un fonctionnaire d'État remplissant les fonctions de « commissaire du Gouvernement ». Selon l'adage, « *la plume est serve, mais la parole est libre* ». J'en use naturellement, sans emphase ni pédanterie.

Je me présente à ma première audience. Face à moi, un pensionné tente de faire reconnaître son grade qu'il détenait avant son départ au camp de prisonnier durant la seconde guerre mondiale. À sa libération le grade « d'aspirant » a disparu de ses états de service. Rappelant ici que le montant des pensions d'invalidités est fonction du grade détenu, on comprend mieux la contestation.

Ce premier dossier ne me permet pas d'aller au fond, en effet, je constate que le recours est tardif d'une seule journée. Le pensionné disposait de six mois pour exercer son recours, il le fit à six mois et un jour précisément.

Soutenant cette thèse devant le juge, et son avocat l'inverse, le magistrat se retourne. Il me lance « *vous êtes sur Monsieur le commissaire du Gouvernement ?* » Je ne faiblis pas, je cite l'article du code civil relatif à la computation des délais, il sollicite la greffière pour lecture de cet article … le malheureux prisonnier est débouté de ses demandes fins et conclusions pour reprendre une formule consacrée.

Anecdotes

Une audience me revient. Une avocate plaide avec une détermination presque désespérée. Le dossier était lourd, l'administration avait refusé net. À mesure que la plaidoirie avance, il devient clair qu'une expertise n'a jamais été sérieusement envisagée par l'avocate. Profitant alors d'un léger tumulte qui détourne l'attention de la présidente, je saisis la main de l'avocate adossée à mon pupitre en lui disant : « *Alors, vous allez la demander cette expertise ?*». Elle me lance, « *vous ne vous y opposerez pas Monsieur le commissaire du gouvernement ?* ». À sa demande, lorsque la présidente se tourne vers moi, j'ai simplement indiqué que je ne m'y opposais pas. Rien de plus. Ce n'est ni un revirement, ni une concession. C'est reconnaître qu'un dossier ne peut être clos tant qu'il n'a pas été réellement instruit. Le tribunal a ordonné l'expertise. J'avais tenu ma place, sans empiéter sur celle des autres.

Dans la même veine, une autre avocate, éloignée de mon pupitre celle-là, ne demande pas une expertise judiciaire qui m'apparaît pourtant nécessaire. Ainsi, lorsque la présidente me donne la parole après sa plaidoirie, je déclare, « *Il appartient au tribunal de décider de l'opportunité d'une expertise, je n'ai quant à moi aucune objection particulière.* ». La présidente surprise, et on la comprend, répond qu'une telle demande n'est pas formulée. L'avocate saisit au bond cette balle magique et obtient *in fine* ce qu'elle n'osait demander : une expertise.

Une autre scène, au tribunal de Lille, m'a durablement marqué. La requête est imparfaite, formellement irrégulière : non signée. Le rejet est juridiquement défendable, peut-être même attendu. Le président me regarde, brièvement. Je comprends alors ce que ce regard contient : la tentation du formalisme, mais aussi le malaise qu'il suscite. Je choisis de ne pas m'abriter derrière la facilité procédurale. Le risque existe. Je le connais. Je l'assume. Le fond n'a pas nécessairement suivi par la suite. Mais la personne avait été entendue. Et cela, à mes yeux, compte.

A l'inverse, une avocate tout particulièrement brillante, évoque des « microtraumatismes professionnels ». Pour qualifier de blessure au lieu de maladie les séquelles de son client. La différence réside dans le seuil pour obtenir une pension en temps de paix. 10% pour une blessure, 30% pour une maladie. Tant le tribunal que la Cour d'appel sont convaincus par l'argument. Mais le juge de cassation met fin à ce malentendu. En effet, une blessure à l'époque est considérée comme consécutive à l'action violente d'un fait extérieur[11]. Les vibrations et les faux mouvements évoqués ici n'ont pas été retenues comme remplissant cette condition.

Je n'ai jamais confondu humanité et laxisme. Tout ne se termine pas bien. Certaines décisions restent douloureuses, même lorsqu'elles sont justes. Mais je considérais qu'un justiciable avait droit à autre chose qu'un rejet sec lorsque la forme avait trahi le fond. Mon rôle n'était pas de promettre la réparation, mais d'empêcher que l'injustice ne se glisse dans la procédure elle-même.

Je plaide ainsi. Sans emphase, sans posture. Je parle peu, mais je parle juste. Je laisse le tribunal décider, mais je veille à ce que la décision soit prise dans un cadre loyal. Cette fonction exige une éthique silencieuse, une retenue constante. Elle ne récompense ni l'éloquence, ni la rigidité. Elle impose simplement de tenir sa place, entièrement.

C'est sans doute pour cela que ces fonctions m'ont apporté la plus grande satisfaction professionnelle. Elles concentrent tout ce que j'ai appris : le sens du cadre, l'attention aux personnes, la

---

[11] Cette ligne jurisprudentielle a été abandonnée en 2009 au profit de la lésion soudaine consécutive à un fait précis de service.

rigueur du droit et le refus de l'inhumanité procédurale. Là, plus qu'ailleurs, je me suis senti à ma juste place.

Les services de la DIAC :

Le contentieux des pensions, les pensions, les emplois réservés, les soins gratuits, toute une panoplie de services que j'ai fréquenté, dirigés et soutenus avant la terrible réforme de la RGPP[12].

Mon engagement syndical à la CFDT me conduira à découvrir mon attachement à la formation syndicale et mon aisance à son application. Nous y reviendrons.

Surveiller les épreuves des emplois réservés, corriger certaines copies m'ont fait découvrir un attrait dissimulé en moi pour l'écriture et la chose intellectuelle au sens large. La découverte du service formation continue de la fac de Lille sera un tremplin et une révélation.

Je sollicite une VAE en 2004, laquelle m'est accordée pour le BEUG mention droit qui existait encore. Cinq minutes d'entretien avec un jury composé de professeurs d'université m'ont valu de mettre le pied dans quelque chose de magique pour moi. Bien sûr, ce sont les pages de conclusions rédigées par

[12] Révision Générale des Politiques Publiques.

moi-même et les « disquettes » d'archives de mon travail qui ont réellement emporté la décision.

La RGPP évoquée plus haut, emportera fermeture des DIAC et provoquera mon transfert vers l'armée de l'air sur un poste de juriste à Luxeuil les Bains.

L'enchaînement des mutations, des restructurations et des fermetures aurait pu être vécu comme une suite de ruptures subies. Il a constitué, en réalité, une succession d'épreuves formatrices. À chaque fois, il m'a fallu m'adapter, apprendre, reconstruire. Et à chaque fois, ces contraintes ont ouvert un nouvel espace, souvent plus exigeant, parfois plus élevé que le précédent.

Sans que cela ait été prémédité, ces changements m'ont appris à rebondir, à transformer l'incertitude en opportunité, et à viser plus loin que le cadre immédiat qui venait de disparaître.

L'Armée de l'air,

C'est dans ces conditions que la fermeture de la DIAC de Lille me permet (Master 2 en poche) de solliciter une affectation à la BA.116 de Luxeuil. Le poste de juriste chef de la section d'assistance juridique me correspond parfaitement.

Pas encore la dernière,

Je pensai partir cette fois-ci pour la dernière mutation, mais l'avenir me garde encore une surprise.

Autonomie, épanouissement, animateur de formations, plutôt d'informations, j'explique le droit des conflits armés, la légitime défense, le secret de la défense, et prodigue des conseils juridiques tant aux personnels individuellement qu'au commandement.

Le 1er Régiment de Tirailleurs d'Epinal profite de cette expérience et me confie un poste de commandant de la réserve citoyenne pour y procéder.

Un petit goût d'uniforme qui ne me laisse pas indifférent et que je savoure à sa juste valeur. J'y accomplis les mêmes tâches qu'à la base mais en tenue d'uniforme de réserviste.

Ainsi s'écoule paisiblement et de façon enthousiaste mon passage dans l'Est.

Mais là aussi, il faut partir. Pendant mon service j'ai bénéficié d'un temps partiel pour préparer mon doctorat. À tel enseigne que le chef (un colonel) m'appelle très amicalement « docteur ».

L'ONaCVG,

Bref rappel historique de l'ONaCVG

Avant de raconter ces 4 dernières années, un mot sur cette institution centenaire. L'Office national des anciens combattants et victimes de guerre (ONaCVG) trouve son origine en 1916, en pleine bataille de Verdun, sous la forme de l'Office des mutilés et réformés. Un siècle plus tard, devenu établissement public, il poursuit la mission : reconnaissance, réparation, accompagnement, mémoire au profit de ses ressortissants. Je participe le 2 mars 2016 au centenaire de l'institution à Paris.

Établissement public administratif placé sous la tutelle de l'État, l'ONaCVG assure une double mission :

– une mission de reconnaissance et de réparation, par l'instruction et la gestion de droits individuels ;

– une mission de solidarité, d'accompagnement social et de mémoire, au plus près des ressortissants et de leurs familles.

Par son réseau de services départementaux, l'ONaCVG incarne une présence territoriale singulière de l'État, fondée sur la proximité, la continuité du service public et la fidélité à l'engagement de la Nation envers ceux qui ont servi ou souffert pour elle. Je retrouve donc les anciens combattants vingt ans après les avoir quittés.

Directeur départemental

Le 1er mars 2016 je prends mes fonctions de directeur du service départemental de l'ONaCVG de Montauban dans le Tarn-et-Garonne.

Une cinquantaine de présidents d'associations, 15000 dossiers environs, je renoue avec « les anciens combattants ». Les quatre années vont passer très vite, et la retraite, la vraie cette fois-ci, me conduira à continuer mon apport au profit de la veuve, de l'orphelin et du blessé.

Les deux personnes qui ont composé le service avec moi, Véronique et Aline sont encore dans mes pensées : avec si peu, en faire autant. J'ai eu le sentiment d'une coopération totale sans entrave des obligations hiérarchiques. Cartes du combattant, action sociale, expositions, cérémonies, et contact humain guident mes dernières années au service de l'État. Le 19 octobre 2017 je suis appelé à soutenir ma thèse de doctorat. J'étais loin d'imaginer que cette situation ferait autant « plaisir » aux associations particulièrement intéressées par le sujet. « *Bonjour docteur* », « *une petite ordonnance pour moi docteur* » cet air badin témoigne, selon moi d'un réel intérêt, jusqu'à Monsieur le Préfet qui entend le prononcé de mon nouveau grade universitaire et me félicite chaleureusement le 1er novembre au cimetière de Montauban à l'occasion d'une cérémonie.

La célébration du centenaire de l'ONACVG (2 mars 1916) et du 11 novembre 1918 m'ont apporté une grande satisfaction.

Pour le premier, nous avions privatisé une salle de cinéma à Montauban avec projection du film du centenaire exceptionnel de qualité. Pour le second, le 11 novembre 2018, nous avions réalisé une opération simple de dépôt de 100 luminions (100 ans) avec les autorités et le public au pied du monument aux mort en fin d'après-midi.

Le 1er avril 2020 : Engagement associatif et fidélité aux anciens combattants

Continuité morale, transmission, combat pour la réparation et la dignité.

A partir de cette date administrative de mise à la retraite, je reste engagé au sein d'associations prestigieuses : Union Fédérale, si chère à René Cassin, Les gueules cassées UBFT, l'UNC, etc. je participe également à l'assemblée plénière du conseil d'administration de l'ONaCVG à Paris.

Le droit à réparation commenté :

C'est mon rôle, expliquer, commenter, rédiger des articles pour la presse combattante, pour la commission des droits, pour les, commissions des droits en fait.

Le comité d'entente des grands invalides de guerre, CEGIG, me demande de les assister, c'est finalement en qualité de secrétaire général que je vais officier jusqu'en 2026, date prévue de ma fin de mandat.

J'ai apporté ma pierre à l'édifice et ma mission se termine là, au profit des anciens combattants. Ceci parce qu'il est arrivé que je n'ai plus l'énergie pour apporter davantage à cette noble mission. Cette fois-ci c'est moi qui arrête, il faut une fin et c'est maintenant. Un autre engagement m'occupe et il ouvre de nouvelles perspectives. Je garderai le souvenir de ces gens formidables qui défendent le monde combattant, je les salue tous bien respectueusement. Mon apport sera, en ce domaine, sans doute théorique voir livresque pour alimenter la réflexion.

Le tir sportif :

Depuis 1980 je pratiquais le tir sportif dans un club militaire en Allemagne. Puis, mutation aidant, abandon, jusqu'à mon arrivée à Montauban en 1985/86. Cette fois-ci une licence FFTir pas une simple carte club.

Mais là encore une mutation a mis fin à cette pratique que je retrouve à la retraite et à Montauban en plus. C'est mon nouvel engagement. Brevet fédéral d'animateur, restructuration du règlement intérieur, participation certes modeste aux compétitions, et surtout … tout à côté de chez moi. Plus besoin d'aller à Paris, hôtel, métro etc.

À l'aulne de mes 66 ans, je suis encore jeune mais mes blessures anciennes se rappellent à moi trop souvent. C'est pratique un baromètre qui détecte les changements de pression, mais c'est douloureux.

Conclusion

Je n'ai jamais cherché à écrire un livre de souvenirs, encore moins un plaidoyer personnel. Ce qui m'a guidé, tout au long de ces pages, c'est le besoin de mettre en ordre un parcours, non pour l'expliquer, mais pour le comprendre. L'enfance, l'institution, l'uniforme, puis l'administration et enfin la juridiction, n'ont jamais été, à mes yeux, des mondes séparés. Ils ont constitué les étapes successives d'un même apprentissage : celui de l'autorité, de ses formes et de ses limites.

J'ai très tôt été confronté à des cadres contraignants. Certains furent protecteurs, d'autres plus rugueux. Tous m'ont appris qu'une règle n'a de sens que si elle est comprise, et qu'une fonction n'est légitime que si elle est tenue avec mesure. C'est sans doute ce fil discret qui m'a conduit, sans que je l'aie réellement prémédité, vers le droit, puis vers une fonction où la parole engage sans jamais trancher.

Être commissaire du gouvernement n'a pas été pour moi une consécration, mais une synthèse. Là se rejoignaient l'exigence de rigueur, le respect du contradictoire et l'attention portée aux personnes. J'y ai trouvé une forme d'équilibre rare : celle d'une parole libre, tenue dans un cadre strict, au service non d'un intérêt particulier, mais d'une idée exigeante de l'État.

Si ce livre a un sens, il réside peut-être dans cette conviction simple : les institutions ne valent que par les femmes et les hommes qui les incarnent, et l'autorité ne se justifie jamais par elle-même. Elle se démontre, jour après jour, par la justesse des décisions, la retenue des mots et le refus de l'inhumanité procédurale.

Je referme ces pages sans regret particulier, mais avec la conscience d'avoir tenu, autant que possible, la place qui m'était assignée. Le reste appartient au temps, et à ceux qui continueront, chacun à leur manière, à faire vivre ce que l'on appelle, parfois trop abstraitement, le service de la Nation.

Annexe I : Anamnèse

« Monsieur le commissaire du gouvernement » est une autobiographie institutionnelle qui se veut à peine romancée parfois. Ceci permet sans doute au lecteur de virevolter en même temps que l'imagination de l'auteur. J'aborde volontiers notre échelle du temps de façon chronologique de l'enfance au temps présent, un retraité de 66 ans qui essaye de « *servir sans se servir, ni s'asservir* »[13].

Il est venu le temps de dire qui je suis, comment je suis arrivé là, après une enfance relativement heureuse parsemée de doutes et décrire la manière dont j'ai conduit les engagements de ma vie.

Mon enfance, à tout le moins les souvenirs qui me sont encore accessibles et descriptibles, commence à BUSSUNARITZ petit village du Pays basque à l'âge de 5 ans. Dès cet instant, la passion du métier des armes est présente en moi, alors même que j'en ignore totalement les tenants et aboutissants. Je ne saurais dire si les héros de films en sont à l'origine, sans doute un peu, il n'existait pourtant aucune disposition dans ma famille à servir volontairement dans les armées[14].

Cette enfance s'arrête à la sortie de l'orphelinat, en 1976 au moment de rejoindre l'école militaire qui fera de moi un homme, comme on disait à l'époque. Une vie de soldat ponctuée d'évènements marquants qui durera jusqu'en 1996 où il sera

---

[13] Devise de l'Union Fédérale.

[14] J'apprendrais bien plus tard que mon père a servi dans l'armée de l'air à l'occasion de l'opération de SUEZ en 1956. En qualité d'appelé du contingent il était alors stationné à CHYPRE.

alors temps de prendre le chapeau mou[15], après 21 années de service.

Ma carrière militaire achevée, je rejoins la fonction publique d'État jusqu'en 2020, heure de ma retraite après 24 années de services civils.

44 années de service, auxquels s'ajoutent 35 années de bénévolat en parallèle, sont une source d'expérience qu'il fallait à tout prix partager.

Cet ouvrage s'adresse à tous ceux qui ont porté les armes de la France, soldats issus de la conscription, engagés de la première heure comme les résistants ou militaires de carrière. La plupart sont devenu des « *anciens combattants* » après avoir été des combattants. L'ensemble du public pourra aimer comprendre ce qu'il advient lorsque l'on est soldat, pour le meilleur de la gloire et le pire de la blessure ou de la mort.

Tout comme j'ai pu le déclarer dans des écrits précédents, je m'incline avec beaucoup de respect devant ceux qui « *ont des droits sur nous* » selon Georges CLEMENCEAU ; et qui sont de fait des « *créanciers privilégiés de la Nation* » selon René CASSIN.

Je ne puis oublier tous les membres de ma famille et tous ceux qui m'ont connu de façon générale. A mes petits-enfants, je transmets cet héritage testimonial.

---

[15] Expression qui invite à déposer le képi pour une coiffe civile plus souple.

Voyez cet ouvrage comme une invitation au voyage dans le temps à travers une vie qui n'est pas la vôtre, simplement la mienne. Ici où là, il y aura des approximations, je fleurirai la vérité parfois, mais pas d'inexactitudes c'est bien de mon vécu dont il est question ici.

Annexe II : Éléments de parcours et d'engagement

Les pages qui précèdent relèvent d'un récit. Elles sont nécessairement subjectives, fragmentaires, parfois silencieuses sur certains points. Cette annexe n'a pas vocation à les expliquer ni à les justifier. Elle vise simplement à offrir au lecteur quelques repères complémentaires, permettant de mieux comprendre l'itinéraire intellectuel et professionnel qui sous-tend l'ensemble de l'ouvrage.

Un parcours né d'une rupture

Mon intérêt pour le droit, et plus particulièrement pour le droit à réparation, n'est pas le fruit d'une vocation précoce ni d'un parcours académique linéaire. Il est né d'un accident, d'une blessure, puis d'une reconversion imposée. Comme souvent, c'est l'épreuve qui a ouvert un champ de réflexion nouveau. Avant cela, rien ne me destinait à l'étude du droit, sinon une sensibilité ancienne aux questions d'autorité, de justice et d'équité, forgée dès l'enfance.

Entré très jeune dans l'institution militaire, j'y ai appris la rigueur, la discipline et le sens du collectif. Vingt années de service, marquées par les opérations extérieures, les mutations et la progression professionnelle, m'ont profondément structuré. Elles ont aussi révélé les limites du corps et, parfois, celles de l'institution elle-même. Les blessures reçues en service ont mis un terme à cette première carrière, tout en ouvrant, paradoxalement, la possibilité d'une seconde.

Servir autrement

Ma reconversion dans la fonction publique, à compter de 1996, s'est faite dans un champ qui m'était déjà familier : celui des anciens combattants et des victimes de guerre. Affecté au service du contentieux des pensions militaires d'invalidité à la Direction interdépartementale des anciens combattants de Lille, j'ai découvert une matière juridique exigeante, profondément humaine, où chaque décision engage bien davantage qu'un raisonnement abstrait.

C'est dans ce cadre que s'est progressivement révélée une véritable passion pour le droit administratif et le contentieux. Non pas un droit désincarné, mais un droit vécu, appliqué à des situations concrètes, souvent douloureuses, où l'enjeu est la reconnaissance autant que la réparation.

La fonction de commissaire du gouvernement

Dès 1997, j'ai exercé les fonctions de commissaire du gouvernement près la Cour régionale des pensions militaires de Douai. Cette mission a constitué, de loin, la plus grande source de satisfaction professionnelle de ma carrière civile. Elle supposait une position d'équilibre : représenter l'État sans esprit de défense systématique, éclairer le juge sans jamais chercher à décider à sa place, garantir la cohérence du droit tout en restant attentif aux réalités humaines des dossiers.

Cette fonction ne confère aucun pouvoir hiérarchique. Elle repose exclusivement sur la force de l'argument juridique, la loyauté intellectuelle et le sens de la responsabilité. Elle exige une parole juste, mesurée, et indépendante. À bien des égards, elle a constitué une synthèse de mon parcours : discipline acquise dans l'armée, sens du service public, et exigence de justice.

Du praticien au chercheur

L'exercice du contentieux a naturellement conduit à l'approfondissement théorique. Par validation des acquis de l'expérience, puis par un cursus universitaire complet, j'ai entrepris des études de droit, jusqu'à la soutenance d'une thèse de doctorat consacrée au droit à réparation tel que prévu par le Code des pensions militaires d'invalidité et des victimes de guerre.

Cette recherche n'a jamais été dissociée de la pratique. Elle s'est nourrie des dossiers, des audiences, des échanges avec les justiciables, les associations et les institutions. Elle a aussi bénéficié d'expériences professionnelles ultérieures, notamment au sein de l'armée de l'air et de l'Office national des anciens combattants et victimes de guerre (ONaCVG).

Une ligne de conduite

S'il fallait résumer l'ensemble de ce parcours par une ligne directrice, ce serait celle-ci : *servir sans se servir, ni s'asservir*. Cette formule, empruntée au monde combattant, a guidé mes choix professionnels comme mes travaux intellectuels. Elle explique sans doute pourquoi certaines fonctions, discrètes mais exigeantes, ont davantage compté pour moi que les titres ou les positions visibles. Si cela ne conduit pas nécessairement à une reconnaissance officielle de haut niveau, elle apporte une satisfaction pleine et entière au regard de la maxime citée plus haut.

Cette annexe n'a pas pour objet de clore un parcours, mais d'en éclairer le sens. Le récit principal demeure volontairement centré sur le vécu. Ces quelques éléments visent simplement à en offrir une lecture plus complète, pour celles et ceux qui souhaiteraient aller au-delà des faits et saisir la cohérence d'un engagement.

Annexe 3 : Lettre de service

La lettre de service reproduite ci-après m'a autorisé à exercer les fonctions de commissaire du gouvernement. Elle est jointe en annexe à titre de pièce de contexte institutionnel.

MINISTERE DE LA DEFENSE

SECRETARIAT D'ETAT AUX ANCIENS COMBATTANTS

Direction des Statuts, des Pensions et de la Réinsertion Sociale

Sous-Direction des Pensions

[illegible]-97- 7 S.D.P/[illegible]

LETTRE DE SERVICE

Le Secrétaire d'Etat aux Anciens Combattants informe Monsieur [illegible] Pierre, Secrétaire Administratif de classe normale, à la Direction interdépartementale de Lille qu'en application des dispositions des articles 1er et 13 du décret n°59-327 du 20 février 1959, relatif aux juridictions des pensions, il est habilité, en cas d'absence ou d'empêchement du Chef des Services interdépartementaux, à remplir les fonctions de Commissaire du gouvernement près la cour régionale des pensions de DOUAI et les tribunaux départementaux du ressort de cette cour.

La présente lettre de service vaut titre dans l'exercice desdites fonctions.

Fait à Paris, le 18 juillet 1997

Le Secrétaire d'Etat
aux Anciens Combattants
et par délégation
Le Directeur des Statuts,
des Pensions de la Réinsertion
Sociale

[illegible]

Table des matières

www.ingramcontent.com/pod-product-compliance
Lightning Source LLC
LaVergne TN
LVHW010054061026
849532LV00004BC/1515
* 9 7 9 1 0 4 1 5 8 9 5 9 3 *